QINGYUAN SHI

XIANDAI CHANYE TIXI

GOUJIAN YU PINGJIA YANJIU

清远市现代产业体系
构建与评价研究

邓惠惠　高琦　何晖 ◎著

中国财经出版传媒集团

经济科学出版社

Economic Science Press

·北京·

图书在版编目（CIP）数据

清远市现代产业体系构建与评价研究／邓惠惠，高琦，何晖著. -- 北京 ： 经济科学出版社，2024.7.

ISBN 978 - 7 - 5218 - 6131 - 0

Ⅰ. F127. 653

中国国家版本馆 CIP 数据核字第 2024W5R177 号

责任编辑：李　雪
责任校对：孙　晨
责任印制：邱　天

清远市现代产业体系构建与评价研究

邓惠惠　高　琦　何　晖　著

经济科学出版社出版、发行　新华书店经销

社址：北京市海淀区阜成路甲 28 号　邮编：100142

总编部电话：010 - 88191217　发行部电话：010 - 88191522

网址：www. esp. com. cn

电子邮箱：esp@ esp. com. cn

天猫网店：经济科学出版社旗舰店

网址：http：//jjkxcbs. tmall. com

固安华明印业有限公司印装

710×1000　16 开　14.5 印张　210000 字

2024 年 7 月第 1 版　2024 年 7 月第 1 次印刷

ISBN 978 - 7 - 5218 - 6131 - 0　定价：69.00 元

（图书出现印装问题，本社负责调换。电话：010 - 88191545）

（版权所有　侵权必究　打击盗版　举报热线：010 - 88191661

QQ：2242791300　营销中心电话：010 - 88191537

电子邮箱：dbts@ esp. com. cn）

本书获得以下资助：

2022 年度清远市软科学研究计划项目"清远市现代产业体系的构建与评价研究"（2022KJJH080）；

广东省哲学社会科学"十四五"规划 2022 年度学科共建项目"构建统一大市场背景下城市营商环境格局演变、影响因素及机制检验：基于时空双维度的实证研究"（GD22XYJ29）；

广州市哲学社会科学"十四五"规划 2023 年度课题"广州深化营商环境创新试点城市建设研究——基于"互联网＋政务服务"平台的互动治理视角"（2023GZYB84）；

2024 年度广东省社科院清远分院圈定课题"清远市数字营商环境高质量发展路径研究"。

前言
preface

近年来，中国特色社会主义踏入新时代，经济发展迈向高质量发展阶段。如今，我国的经济发展呈现出以国内大循环为主体，国内国际双循环相互推动的新发展格局。为适应这一新格局，转变发展方式、优化经济结构、转换增长驱动力是当务之急。现代化经济体系的建设是适应当前经济格局、推进发展方式转变、经济结构优化以及增长动力转换的一大关键突破口与战略目标。基于国情的变化与发展，我国出台了相关政策，自2007年党的十七大报告中第一次指出"发展现代产业体系"以来，我国针对建设发展现代产业体系的要求更加具体、更有针对性。2021年，国家"十四五"规划进一步强调了"以实体经济为着力点，构建实体经济、科技创新、现代金融、人力资源协同发展的现代产业体系"；2023年底，中央经济工作会议在对2024年经济工作系统部署时指出，要"以科技创新引领现代化产业体系建设"，加快形成和发展新质生产力，并以此推进产业智能化、绿色化、融合化。

作为建设现代经济体系的重要支撑与关键领域的重要角色，现代产业体系在推动经济发展，实现质量、效率、动力的更新与变革等方面发挥了重大的战略意义，强调实体经济、科技创新、现代金融、人力资源四个要素的有机结合与协同发展，在现代经济体系的巩固与发展过程中发挥了支柱作用。当前，清远市的现代产业体系发展从四个要素出发仍存在一定不足：首先，金融体系内的资金空转引起"脱实向虚"倾向日益显著，大大阻碍了清远市实体经济的发展；其次，科技成果转化率低，难以发挥对清远市实体经济发展的支撑作用；此外，清远市缺乏高层次人才，难以推动实体经济的持续发展。因此，本书系统地研究清远市现代产业体系，对于进一步了解清远市现代产业体系建设中存在的短板与局限性，并给出针对性、建设性的解决方案以突破瓶颈具有重大意义。

本书将从以下几个方面展开：阐述"现代制造业体系"的时代内涵与构成；厘清清远市现代制造业体系的发展历程；详细分析清远市现代制造业体系整体现状；在借鉴北京、上海、广州、深圳、重庆、杭州等城市现代产业体系建设的基础上，为未来清远市现代制造业体系的高质量发展提供对策建议。

邓惠惠　高琦　何晖
2024 年 4 月

C 目录
ontents

第一章

何谓"现代制造业体系"

第一节 构建现代制造业体系的时代背景

（一）发达国家现代化制造体系的特征与成果

受资源禀赋情况、文化根基差异、产业发展历程与政策导向等因素的影响，不同的发达国家之间所呈现出的制造业体系的特征存在着一定差异。以美国为例，2008 年次贷危机带来的沉重打击使美国深刻意识到发展制造业的重要性，由此，美国选择走向发展高端制造业的"再工业化"道路，在这一过程中，美国充分利用其强大的科技基础与创新能力，重点倾斜于如生物工程等高端行业的复兴与发展，强调高端技术人才的创新能力培养，积极制定人才引进政策以吸引高端人才，掌握了多项核心技术的发展与突破，实现了就业率与就业岗位数量的稳步提升、产值持续增加、出口收入攀升及知识产权成果显著等成就，成为了能够实现知识持续生产和技术创新国家。

制造业大国德国凭借扎实稳固的传统制造业的产业基础和先进的机械制造技术打造了十分强有力的"德国制造"名号。"德国制造"的名声之响亮大多得益于两个重要原因：一是从国内的企业构成上看，德国具有占比达 90% 以上的中小型企业，并且多注重生产技艺与品牌形象塑造的代际相传，这使得德国成为世界上拥有最多隐形企业的国家；二是从整个国家的思想与意识形态的角度出发，德国人对产品一丝不苟的工匠精神享誉全球。同时，德国高度重视职业技术教育，形成了社会上整体对于技术工人的尊敬，形成了良好的社会氛围。

聚焦东亚地区，韩国的现代化制造业体系体现为以政府为主导、由科技创新引领制造业高质量发展的模式，主张从战略的角度实现科技布局的改善与优化，制定对应的科技政策与规划，适时调整法律法规并有针对性地投入资金支持。其中，韩国政府通过制定相关政策调动各制造企业科技创新的积极性，加之其充分调用国内产业的集群优势，注重产学研合作的深度融合，使韩国发展为如今跻身世界前列的制造业强国。

（二）现代化制造业体系对我国经济发展的贡献

2014年，我国首次提出"中国制造2025"概念。2015年，国务院审议并通过了《中国制造2025》文件，该文件标志着我国政府针对制造业发展质量与水平的重大战略部署，顺应了全新的国际国内大变革的新局势，对于我国政府落实构建制造强国战略具有纲领性意义。

创新是发展的第一动力。我国现代化制造业体系的成就离不开人民群众创新力量的大力驱动。一个更完善的现代化制造业体系需要多维度、立体化的创新指标予以优化和改善，如知识创新、技术创新、管理创新等。知识创新指以科学研究为途径获取基础科学与技术知识的过程；技术创新指在知识创新的基础上将先前从未使用过的生产要素或条件投入生产过程中，产学研的深度融合在这一环节中起到了举足轻重的作用；管理创新则指打破旧有的低效率管理架构从而提升制造业运营效率与企业经营活力的创新。

现代化制造业体系的进步与升级要求制造业体系与其他产业体系间的开放并适应经济全球化浪潮与区域经济一体化的发展模式，从而顺应以国内大循环为主、国内国际双循环相互推动的新发展格局。制造业体系与其他产业体系之间的开放主要体现为产业链的两端延长，即企业将经营重点放在市场营销与研发转移，由此开拓市场空间；适应经济全球化的浪潮与区域经济一体化的发展模式则主要体现在资源分配格局在世界范围内的优化，世界各国各地区之间日趋密切的交流与活动。1978年"改革开放"政策的出台后，我国始终坚持对外开放政策，积极主动推进高水平对外开放，加快构建新型开放型经济体制，并在这一过程中取得了如"一带一路"倡议、自贸试验区战略落地、完成了与澳大利亚等国家的自贸协定谈判等许多成就。

注重与自然环境的和谐共生也是建设现代化制造业体系的重要环节之一。随着"碳达峰""碳中和"目标的提出，绿色发展理念上升至国家的战略层面；随着制造业体系实现逐步优化，我国也越来越重视与自然的和谐相处。以新材料产业为例，新材料在制造业体系现代化的可持续性塑造上发挥了重要的支撑与引领作用。以我国先进半导体为例，作为一种高效节能、小型化、轻量化的照明材料，半导体材料已通过多项重点工程实现了广泛应用，经过从零起步的艰难研发历程，目前我国的半导体照明核心器件已实现国产化，为构造我国可持续性的绿色制造业体系汇聚了极大的发展动力。

我国的制造业体系正经历着从"注重数量"向"兼顾数量与质量"转变的阶段。目前，我国在建筑材料、人工智能、通信设备、高铁机车系统等方面跻身世界前列，充分展现了我国制造业坚固强大的核心竞争力。2015～2022年，随着供给侧结构性改革政策的出台与落实，我国的国民经济布局不断优化，其中制造业的增加值占国内生产总值的比重在2022年跃升至27.7%，稳居世界第一制造大国的地位。

（三）广东省构建现代化制造业体系的成就与不足

作为经济发展的血液，现代金融的发展能够为实现制造业中国式现代化注入活水。2022年，广东省人均存款达8.97万元，反映出居民具有较高水平的金融风险承担能力。2023 年，广东金融部门将为经济高质量发展新增融资 4 万亿元，其中实现制造业、科技创新等信贷增速超过 20%，为广东省构建现代化制造业体系提供了有力的金融要素保障，助力打造国内制造业创新强省。

另外，广东省能够获得如此成就，离不开其对创新理念的重视与科技对生产的赋能。2022 年，广东省以 12.91 万亿元的地区生产总值总量位居全国榜首，其研究与试验发展经费投入在全国范围内名列前茅，高达 4411.9 亿元，占国内生产总值的 3.42%，这反映出广东省对于制造业转型升级和战略性新兴产业的培育与发展的重视。同时，人力资源作为创新的第一资源，为建设现代化制造业体系注入了源头活水。截至 2022 年，广东全省研发人员达到 130 万人，位居全国第一，展现出强有力的人才优势，这样的人才优势为广东省制造业积极向高端化迈进充分赋能。2022 年，广东省高技术制造业增加值占规模以上工业增加值比重 29.9%，先进制造业增加值占规模以上工业增加值比重 55.1%，体现出广东省战略性新兴产业的发展势态向好。

首先，广东省坚持以数字化为制造业赋能，推进产业智能化、绿色化，使传统产业迸发新活力。目前，广东省已经打造了新一代电子信息、智能家电、汽车产业、软件与信息服务、医药与健康等十大战略性支柱产业集群，以及半导体与集成电路、高端装备制造、机器人等十大战略性新兴产业集群，充分展现了广东省在推进中国式现代化建设中坚实的产业链韧性。

其次，珠三角地区在为广东省制造业体系的高质量建设的过程中扮演了支柱角色。其中，作为改革开放的窗口、四大经济特区之一，深圳市始终将创新发展理念内化于心、外化于行；同时，作为构建现代化制造业体系的领先城市，深圳市为我国国内生产总值贡献了 3.24 万亿元，其中超过 30% 贡献源于深圳市发达的制造业。2023 年，广东省制造业企业 500 强出炉，其中深圳市入选企业高达 133 家，位列广东省第一，较上一年度新增 62 家，占入选企业数额的 50% 以上。例如，正威国际、华为与富士康等具有较强代表性和创新性的深圳高科技企业占据前三名。一个城市的创新人才发展水平与经济发展水平息息相关，深圳能在制造业领域有如此佳绩离不开其在创新发展理念的坚定贯彻与对人才挖掘与培养的高度重视。作为创新之城，深圳的创新人才发展水平连续三年稳居全国第三、广东省第一，且位列"技能结构"指标下的全国第一。在科技成果转化方面，深圳每万人发明专利拥有量137.9件，稳居全国第二。现代制造业体系还具有融合性和结构性特点，主要体现在制造业体系的信息化与工业化，为实现制造业向数字化转型，深圳市政府不断强化政策上引领、针对性实施资金帮扶，预计2025年实现全市规上工业企业数字化转型。

但是，在实现制造业的现代化转型道路上，广东省仍任重而道远。据广东省十四届人大一次会议记录，广东省制造业在产业链打造上还存在以下几点问题：首先，受新冠疫情、经济全球化逆流影响，制造业基本盘不稳定的缺陷更加显现；其次，广东省部分核心产业链供应链存在对外高度依赖的问题，大大制约了工业互联网等产业的发展。同时，在空间上，广东省的制造业发展水平还存在空间分布不均、区域落差较大的问题。

（四）清远市现代化制造业体系现状

清远市位于珠三角北缘，毗邻广州市与佛山市，以其深厚的文化底蕴与雄奇壮丽的风景名胜闻名于华南。清远市以丘陵山地为主，广泛分布了丰富的矿产资源，具有得天独厚的金属与非金属矿产资源。这份自然资源优势一度使清远市的重工业发展处于积极态势，也成为了构建现代化制造业体系有力的内部条件；同时，清远市内建立有多家中小企业，其中"专精特新"企业数量达到133家、创新型中小企业233家，能够为现代化制造业体系的构建注入强劲动力；除此之外，新冠疫情后大量"农民工"回流，为清远市构建现代化制造业体系降低了普通劳动力的成本。作为广州市的卫星城之一，清远市的交通网络正逐渐趋于完善与优化，为清远市构建现代化制造业体系打造有利的外部条件。

　　如图1-1所示，清远市在建设现代化制造业体系上还存在许多缺陷与不足。首先，从实体经济的角度来看，清远市存在第二产业与第三产业的发展具有结构上的缺陷。据统计，2022年，清远市地区生产总值约为0.2万亿元，三次产业结构比重约为16.2:37.8:46.0，其中第一产业的比重超过10%，远高于广东省第一产业4.1%的占比。自2012年起，这一占比始终保持着波动上升的趋势，与广东省，乃至全国整体的第一产业占比持续下降的趋势背道而驰，反映出清远市较为落后的工业化程度；其次，虽然以制造业为主的第二产业占比较大，但第二、第三产业的结构存在一定缺陷，即第三产业的发展难以为第二产业提供充足、坚实的服务；另外，通过观察2019～2022年间规模以上工业增加值的增长率变化，相较于2019～2021年的稳步快速增长，2022年出现了增长率骤降至负增长的现象，其中高技术制造业增加值出现下降趋势，先进制造业增加值增长率较低。

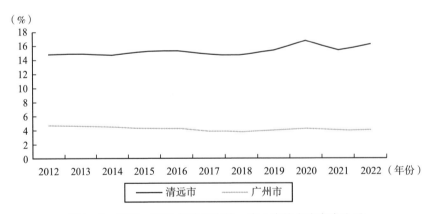

图1-1　2012～2022年清远市第一产业产值占广东省比重

资料来源：2022年清远市国民经济和社会发展统计公报。

　　受珠三角等城市的"虹吸效应"影响，清远市缺乏高层次人才资源，难以为清远市第二、第三产业的发展提供足够的驱动力。从高等院校数量上看，清远市仅有 10 所高等院校，其中包括 1 所本科院校和 9 所专科院校，其毕业生留清占比也不足 10%，也会造成了高层次人力资源的较大缺口。

由于起步较晚，从整体上看，清远市在构建现代化制造业体系上具有很大进步空间。其中以能够适应制造业现代化趋势的第三产业为例，从 2022 年规模以上服务业企业营业收入的数据来看，信息传输、软件和信息技术服务业营收增长 43%，发展势态向好；但受新冠疫情对经济发展的冲击，以及清远市较为薄弱的产业基础，规模以上服务业企业中除上述行业的其他行业营收均呈下降趋势，亟待复苏。

现代金融能够为现代制造业体系的构建注入丰富的血液，而清远市在发展现代金融上仍需调整优化。据统计，2023 年 12 月末，清远市金融机构存贷比高达 89.5%；同时，全市以实体企业为主的非金融机构贷款余额保持 20% 的增长率，远高于其存款余额增长率。一方面反映出企业自身经济活力不够，投资与交易低迷，经营出现困难；另一方面反映出实体经济在疫情影响下被拖欠货款的情况普遍，在很大程度上打击了实体经济经营主体的收益。

第二节　现代制造业体系的构成与内涵

为深入理解清远市现代制造业体系的构建并对其进行全面评价，首先需要对现代化产业体系的概念和构成有一个清晰的认识，并进一步探究现代化制造业体系的定义和两者之间的紧密联系。学界针对现代化产业体系的概念以两种解释为主，一种解释指代表生产、流通等未来方向的、具有国际竞争力的、相对于传统产业体系的新兴产业体系，是现代经济体系的核心；另一种解释是党的十九大报告中所提到的"加快建设实体经济、科技创新、现代金融、人力资源协同发展的产业体系"，即以实体经济、科技创新、现代金融和人力资源四大要素协同发展进而构成的新兴产业体系。两种解释本质上来看并无矛盾之处，都是指相较于传统产业体系更为发展的产业体系。制造业是指机械工业时代利用某种资源，按照市场的要求，通过制造过程转化为可供人们使用与利用的大型工具、工业品与生活消费产品的行业。在如今百年未有之大变局的环境下，全球制造业分工处于重构阶段，一个国家的工业化阶段能够对国家命运起到决定性作用，而其工业化水平的核心则在于制造业水平。国家"十四五"规划所阐述的现代产业体系进一步强调了"以实体经济为着力点，构建实体经济、科技创新、现代金融、人力资源协同发展的现代产业体系"，作为发展实体经济的核心环节，实现制造业的中国式现代化转型是适应当下大变局环境的当务之急。

（一）实体经济：经济发展的着力点

党的二十大报告指出，要以中国式现代化推进中华民族伟大复兴，同时指出要坚持把发展经济的着力点放在实体经济上。首先，从马克思主义政治经济学的角度来看，人类的生产与生活是以物质资料的生产为前提的，发展实体经济是满足人民最基本物质生活需要的不可或缺的支撑；其次，生产物质资料需要社会分工，这种分工随着人们需求逐渐多元化，能够在极大程度上促进经济的发展。

从当前中国经济发展的战略性实践来看，重点发展实体经济是中国式现代化建设的一个重大实践命题。2023 年 4 月，习近平总书记在广东考察时指出："中国式现代化不能走脱实向虚的路子，必须加快建设以实体经济为支撑的现代化产业体系。"历史上的中国是以实体经济发家的，未来也要以实体经济走向中华民族伟大复兴。从正面来看，发展实体经济是社会主义经济发展的根基，我党在历史上的中国特色社会主义伟大实践中深刻意识到了这一点：新民主主义革命时期，为了给革命战争提供物质支持，我党进行了土地革命、积极发展工业等实践，成为了革命最终胜利的重要因素;新中国成立初期,为了快速恢复国内经济,我国通过实行"一五"计划、三大改造等政策建立起了社会主义社会,实现了相对完整的工业体系与国民经济体系的建设;改革开放后,我国始终坚持以经济建设为中心,实体经济发展不断壮大,综合国力与国际影响力不断提高。综合来看,中国作为一个社会主义国家,其经济发展的根基就在于发展实体经济。

从反面来看,经济的"脱实向虚"本质在于虚拟经济的过度膨胀,是经济发展格局的本末倒置,而这种现象会产生许多负面影响。以美国2008年次贷危机为例,首先,虚拟经济的过度膨胀使美国的产业出现了空心化的趋势,制造业的持续萎缩使美国成为了贸易逆差大国,对外国制造业部门的依赖性大大增强;其次,美国经济的"脱实向虚"大大增加了金融经济的风险性,虚拟经济作为一种兼具高收益与高风险的经济活动,极易吸引大量投机者进行投机操作,从而刺激金融经济的风险,产生泡沫经济。

要了解一个地区的实体经济发展水平,应从其产值、投资与就业三个角度来衡量。首先是产值,它包括产值规模与产业结构高级化指数两个方面,分别以地区的生产总值和第三产业与第二产业产值之比来衡量:地区生产总值越高,该地的产值规模就越大;第三产业与第二产业产值之比越高,其产业结构的高级化程度就越高。其次是投资,它包括投资规模与投资占比两个方面,分别以一个地区的固定资产投资总额和其占 GDP 比重两项指标来衡量,固定资产投资总额与投资规模呈正相关关系,从其占 GDP 的比重可以看出该地区的实体经济发展水平的高低,占比越低,说明投资的效率越高,实体经济发展的水平越高;占比越高,则说明投资效率越低,实体经济发展的水平越低。最后是就业,包括就业规模与占比两方面,由从业人员年平均人数与其占年末总人口数量比重两项指标来衡量。

（二）科技创新：经济发展的第一动力

党的二十大报告指出："教育、科技、人才是全面建设社会主义现代化国家的基础性、战略性支撑。必须坚持科技是第一生产力、人才是第一资源、创新是第一动力，深入实施科教兴国战略、人才强国战略，开辟发展新领域新赛道，不断塑造发展新动能新优势。"首先，坚持科技创新作为发展的第一动力地位，是当下的国内外环境所决定的。从国内的角度来看，我国的经济正处在高速增长阶段向高质量发展阶段的过渡时期，为实现全面建成社会主义现代化强国的目标，为经济发展注入新的驱动力迫在眉睫，在这样的环境下，创新驱动成为了当下经济发展的大势所趋。从国际形势上看，科技创新程度已经成为了评价一个国家综合国力的主要因素，各发达国家都处在科学技术创新领域激烈的竞争之中。从历史上三次重要的技术革命来看，"谁能够引领产业革命，谁就能在经济竞争中居于优势地位"的结论已经成为了不争的事实。其次，在如今新一轮的技术革新环境下，科技创新在保持我国于世界经济竞争中处于优势地位上发挥了决定性作用；除此之外，在核心技术领域中，美国在许多前沿领域给我国设置壁垒，对我国实施战略打压，使我国被推上了兼具贸易摩擦与技术壁垒两大风险的风口浪尖，在激烈的国际竞争和紧张的国际形势下，以创新提高我国应对核心技术领域风险的重要性越发凸显。

科学技术是第一生产力亦是科技发展经验的深刻总结，将创新作为推动经济社会发展的驱动型因素为我国在科学技术领域取得大量成就奠定了坚实的基础。新中国成立初期，我国处于战后经济恢复的关键时期，为了尽快实现从落后的农业国向先进的工业国的转变，党中央着重强调了向西方国家学习先进科学技术的重要性，针对科学技术研发的各个领域投入了大量财力、物力、人力等资源。20 世纪 60 年代，我国在以"两弹一星"为核心的国防尖端技术领域作出了如"东风五号"洲际导弹试射成功等突破性成就；改革开放后，知识在经济社会发展中发挥的作用日益凸显，"星火计划""211 工程""985 工程"等多项战略性政策落地，使中国在载人航天、月球勘测、高速铁路等前沿科技领域取得巨大进步，高新技术产业与新兴产业得以迅速发展。

要了解一个地区的科技创新发展程度，可从三个角度出发：人力投入、资本投入与创新输出。前两者涉及研究与试验的人员数量、规模与投入强度三项指标；第三者则通过专利授权数量与发明专利授权数量占专利授权数量比重这两项指标予以表示。

（三）现代金融：经济发展的血液

2023 年 10 月 30 日至 31 日举行的中央金融工作会议上强调了金融作为国民经济的血脉作用。金融作为现代经济的血液，贯穿了经济的各个方面。从金融与人民生活之间难以割离的角度来看，现代金融更强调了"以人民为中心"这一宗旨的重要性，着眼于服务社会经济的持续健康运行，使其发展成果更多地惠及全体人民，满足人民群众日益增长的金融需求。

现代金融还具有与可持续发展理念相结合的内涵。如今，产业模式逐渐从传统的粗放型向集约型转型并仍在逐步优化，从国内的角度出发，发展绿色金融是建设美丽中国的必然要求；从国际的角度出发，发展绿色金融则是构建人类命运共同体的关键，在保护环境、绿色发展的可持续发展理念成为国际共同主张的背景下，绿色金融为绿色经济的发展提供了重要的动力。

习近平总书记指出，金融安全作为国家安全的重要组成部分，为经济的平稳健康发展发挥了重要的基础性作用。现代金融的发展具有全球化的特点，其本质在于全球范围内的金融自由化，在这一环境下，全球的金融市场虽趋于高度融合，但大大增强了金融市场的波动性。而历史的实践证明，重大的金融风险对国家的兴衰影响是巨大而持久的。不仅如此，一个国家的金融水平衡量着一个国家的核心竞争力，我国离世界上的金融强国尚有着较大差距，面临如结构不平衡等诸多挑战，所以，推进现代金融体系安全发展是如今建设强国、完成民族复兴伟业的必经之路。

从构建现代化产业体系的角度来看，发展现代金融的根本在于为作为经济发展着力点的实体经济服务。金融体系将作为国民经济"血液"的货币输送到经济的"肌体"当中，服务于经济社会的持续健康发展；而"肌体"的健康反过来能够通畅血脉，为金融体系的繁荣发展创造源源不断的需求。金融在经济社会发展中具有将储蓄转变为投资的功能，能够为实体经济的高速增长提供资金支持，而现代金融体系的健康、稳定与安全，能够为实体经济的发展提供优质的金融服务，从而为构建现代化产业体系注入源头活水，推动我国经济社会的持续健康发展。

一个国家或地区的现代金融体系发展水平应从其市场的规模、深度与潜力三个维度出发。其中，市场规模能够衡量出该地区的居民收入水平、经济的货币化程度与银行的获利能力，分别由人均存款、金融相关率与金融机构存贷比反映出来；市场深度则能反映出该地区的抗金融风险能力和金融业发展境况，主要表现为该地区的保险深度与密度和金融从业人员占比；市场潜力则主要反映该地区经济发展程度以及与其他国家之间经济联系的密切程度，主要有该地区人均 GDP、进出口总额占GDP 比重与当年实际使用外资金额占 GDP 比重三项指标来衡量。

（四）人力资本：社会经济发展的源泉

人力资本是社会经济发展的第一源泉。知识在现代经济社会的发展中地位日益凸显，使知识能够转化成生产力的一大重要因素就在于人力资源的合理配置。一方面，掌握丰富的知识与先进的技能的高质量人才能够通过就业提高劳动生产率，推动经济社会的发展。另一方面，就业是最基本的民生，经济社会的发展需要人们的劳动，即企业需要为人们提供就业岗位，由此保障了民生稳定，并在优化人力资源配置结构的同时倒逼人们提升的劳动水平与质量，实现了人口的高质量发展，从而再提高劳动生产率，增加企业的收益，并推动经济社会的持续健康发展。

自新中国成立以来，我国以多项政策循序渐进地支撑对于人力资源的培养，在这一过程中取得了显著的成就。一方面，我国人均受教育年限已从新中国成立之初的1.6年上升至如今的10.93年，反映了劳动力水平的提升；另一方面，我国正不断完善职业技术教育、高等教育与继续教育统筹协调发展机制，完善全民终身学习推进机制，积极建设学习型社会，推进人口红利向人才红利转型。

衡量一个国家或地区人力资本水平的决定性因素包括基础水平、教育水平与经验水平。基础水平，顾名思义，是人力资本的基础部分发展情况，即劳动力的数量与分布；教育水平则包括教育支出占一般公共预算与GDP比重、教育工作人员占就业人员比重与普通高校在校生占总人口比重；经验水平则能够反映该地区人才队伍的骨干与中坚力量的水平，由该地区的专业技术人员占比、万人发明专利申请数与万人拥有发明专利授权数及全员劳动生产率这四项指标来衡量。结合我国目前的境况来看，我国的人力资本能够为产业结构走向中国式现代化提供极大的动能，但也存在着一些亟待解决的问题。我国作为具有14亿以上人口的人口大国，包含了将近9亿劳动力，如此庞大的市场规模与人力资源，能够作为我国产业体系实现中国式现代化转型的有力引擎；从2023年国家统计局公布的结果显示，我国的人口数量继2022年后保持了负增长的趋势。同时，2001年中国65岁以上人口占比超过7%，标志着我国进入了老龄化社会，并且这一趋势逐渐加快，形成了如今老年人口规模庞大的局面。在如今国内人口结构变化巨大且形势并不乐观的背景下，为保证中国经济社会的健康持续发展，人力资本结构的合理配置与优化迫在眉睫。

第三节　现代制造业体系与传统制造业的区别

现代制造业体系是相对于传统制造业而言的现代化，它指的是以现代高技术工艺和先进的科学技术为依托，对原材料进行加工和再加工，或对国民经济各部门及行业的生产设备、零部件等进行加工、生产及组装的行业总称。它作为现代产业体系的一部分，与传统制造业体系相比，具有以下几点特征：第一，以更先进的科学技术为依托，数字化信息化赋能制造业发展的力度增大；第二，强调知识的高密集度，随着与服务业的融合度逐步提升，产业的附加值逐渐增大；第三，在于与科技进步相匹配的更高效科学的企业组织形态，体现为企业中更高素质的高级工人、技术人才和管理人员；第四，在制造业领域国际竞争力的提升，体现为现代制造业以经济全球化为载体进行资源的整合与优化，以及核心技术与关键环节的掌握；第五，从绿色的可持续发展理念出发，体现为资源利用率的提高，资源浪费、碳排放量以及耗能的减少。下面将从以上五点分别进行分析。

（一）科技先进：数字化信息化程度加深

迄今为止，世界已经历了两次产业革命，第一次工业革命改变了以人力为主的劳动市场；第二次工业革命更加重视科学理论与生产的结合；当下第三次科技革命仍在继续。在第三次科技革命的背景下，信息数字技术、互联网通信技术、人工智能技术等高新技术产业发展速度不断加快，全球科学技术创新不断向纵深方向发展，呈现出发展速度持续加快、产品结构越发复杂的特点；同时，第三次科技革命使得科技成果商品化的周期越来越短，科学技术转化为生产力的速度越来越快。基于以上这些特点，现代制造业体系在生产力的解放、高新技术产业的发展等被赋予了强劲的动力。主要体现在以下几个方面：

首先，得益于计算机模拟技术在制造行业的广泛应用与融合，制造业逐渐由"实体"制造向"虚拟"制造转变。在工业制造领域，虚拟现实技术能够通过可视化改造数据等手段助力解决生产设计困难、管理成本高等问题，推动工业制造全流程智能化、一体化；同时，生产的数字化能够为制造业企业提供更加个性化、更安全的服务，并能够提高企业生产的精密度，有效提高了产品的质量，使各企业间在生产技术交流上具有更加密切的联系；不仅如此，由人操控的机械生产正逐渐向由计算机掌控的机械生产，自动化信息化程度大大提高，在极大程度上减少了时间和金钱成本，有效提高了工作效率的同时能够使生产的稳定性得到保障。

其次，随着数据成为了生产过程中的要素之一，知识与信息的数字化催生了新产业新业态与新模式，并逐渐渗透人们的日常生活。新冠疫情期间，数字技术融入人民生活方面面体现得淋漓尽致，线上教育、远程办公、数字化治理、互联网医疗等新业态借势得以蓬勃发展。2022年底，随着人工智能对话机器人 ChatGPT 的推出，人工智能对于人们生活的渗透程度大幅提升，这是新型数字技术背景下诞生的新形态经济模式之一，除此之外，我们所熟知的大数据、区块链、数字人民币等也是新形态经济模式的产物，可见新型数字技术在人们日常生活中的普遍性。

最后，先进的科学技术还使制造业与服务业实现了更契合的融合，使产业链向产品深度研发与市场营销两端延伸，从而达到了产品附加值大大提高的效果；同时，制造业企业能够通过利用先进的科学技术，改造企业部门的分工从而打破旧有的管理模式，构建新的管理模式，提高人力资源的利用效率，降低生产运营成本，增加企业收益。

（二）产业附加值增加：服务业参与度提高

从结构上看，现代产业体系与传统产业体系最大的特点在于第三产业比重的上升。本质上看，两种产业体系都将第二产业的发展作为发展的主线，但传统产业体系下强调优先发展第二产业，而对第三产业于第二产业的服务作用的重视不足；基于传统产业体系的发展，一个国家或地区在搭建起第二产业的扎实基底后，开始重视发展合适的配套服务业，助力第二产业的进步，从而最终实现了制造业与服务业二者的价值链互补。这主要由以下几个方面体现。

首先，制造业企业开始借助先进的科学技术将经营中心分散到产业链的两端，即产品研发及市场营销。从产品研发的角度上看，现代化制造业体系所具有的技术等能够提高产品个性化研发的效率，同时能够以更快的速度获取消费者的诉求以便研发更能吸引客户、更高质量的产品；从市场营销的角度看，企业可以借助大数据等信息化工具更具针对性地将产品推销给消费者，促进销量的提高，还能通过优化售后服务的方式提高客户忠诚度，助力企业树立良好的品牌形象。从以上两个维度来看，制造业与服务业的融合延长了产业链，增加了产品的附加值，提高了制造业的市场适应性。

其次，金融活动作为引导社会经济资源有效配置的重要引擎，对制造业资金利用结构发挥了重要的作用。金融活动在制造业体系从粗放传统型向集约现代型转型的过程中起到了重要的基础作用，在转型期间，传统制造业逐渐被淘汰，新兴产业尚未形成规模，这时就需要金融活动为新兴产业的规模化提供充足的资金储备以刺激其发展与扩张。

（三）高效科学的企业组织形态：高素质人才的高效利用

从现代产业体系中人力资源这一要素来看，现代制造业体系的显著特点就是这一构成的双"高"，即对于"高"素质人才的"高"效利用。

先从高素质人才说起，随着经济发展水平不断提高，现代制造业对人才的要求也更趋向高级化，对更高水平的技术研发人员、生产工人与高效管理人员的需求倒逼教育水平的不断提高，主要体现为越来越丰富的教育资源，以及趋向平衡的资源分布，在这一背景下，人力资源的质量大幅提升，高素质人才的数量也随之增加。值得注意的是，传统制造业体系下对于技术工人的需求相对较少，更多依赖于传统的具有生产工艺和经验的普通生产工人，而随着科技的不断发展，部分生产工人的岗位已被机械所替代；同时，在人才需求领域，与传统制造业体系下的"专才"不同，现代制造业体系下产生了对于跨学科类人才的需求，这些人才能够整合不同领域的技术与知识从而创造出更具创新性与竞争力的产品和服务。

人力资本是社会经济发展的第一源泉，当人力资源具备了丰富的知识、掌握了先进的技术或更高水平的管理经验和领导才能，就能够被充当为制造业得以获利并发展的资本，这不仅需要我们上文提到的教育资源的使用，还需要制造业企业的管理者对于人力资本投资的重视，而这恰是现代制造业体系与传统的制造业体系之间在人力资源利用领域的一大区别。除此之外，传统制造业中，企业组织形态多为集中、垂直式，管理与决策的权力集中在作为少数群体的高层领导手中；而现代制造业则更加注重分权管理、强调协作与沟通，拥有了更加扁平化的管理架构。同时，同样也是借力于现如今科学技术的发展，制造业企业管理员工的方式、管理分工的结构也更加趋于多元化，对于人力资源的规划也更加科学化，相较于传统制造业体系而言，也更加强调培养员工的创新能力与自主学习能力，这些都加速了人力资源向人力资本的转化。

（四）自主可控：关键核心技术的自主研发

在经济全球化的背景下，现代制造业为了迎合各国提高国际竞争力的浪潮，在资源整合与优化、核心技术与关键环节掌握等方面实现了显著的提升。

首先，现代制造业借经济全球化之势，积极地进行资源结构的整合与优化。随着全球贸易向纵深化发展、信息技术在全球范围内得到广泛应用，现代制造企业获取全球范围内的信息等资源以及市场机会变得更加便捷快速。相较于传统的制造业体系而言，现代制造业体系通过与国际供应商等单位的密切合作，实现了物资、技术和人才的跨国流动，达成了资源结构在全球范围内的重构与优化，极大地提高了生产效率与产品的质量。

其次，制造业水平作为衡量一个国家综合国力的重要指标之一，核心技术与关键环节的掌握成为了现代制造业体系中值得注意的地方。各国对于自主研发与创新能力的培养展现出了空前的重视，致力于推动科技创新、加大研发投入，培育自主知识产权，从而提高核心技术的掌握水平，进而提高产品的附加值与竞争力。

（五）绿色低碳：产业发展与环境保护的深度融合

现代制造业体系与传统制造业体系的一个重要区别还在于绿色可持续发展理念的强调与应用。随着两次工业革命的展开，人们深刻意识到产业发展与环境保护之间应当有一个协调的联系，于是可持续发展理念走进了人们的视野，在制造业体系中主要表现为以下几个方面：

首先，现代制造业更加注重资源的高效利用，减少资源的浪费。传统制造业在生产过程当中往往伴随着大量的资源浪费现象，主要集中在原材料的过度消耗、废品的产生与浪费等。相比之下，现代制造业通过多种方式如废品的回收利用、调整生产技术与工艺实现了对资源尽可能的最大化利用。其中，以"减量（reduce）""循环（recycle）""再利用（reuse）"的"3R"原则作为运行理念的循环经济渗透于现代制造业体系当中，各企业遵循以上原则，开始在产品的包装、原材料等方面采用更加环保的材料或工艺以实现资源利用率的提高。

其次，现代制造业致力于减少碳排放量与能源的消耗。相较于传统制造业下大量化石燃料与非可再生资源的滥用，从而导致大量碳排放与能源消耗，现代制造业体系积极引入清洁能源、积极研发高校能源技术以降低碳排放量与能源消耗，并且在可再生资源如风能、太阳能等上有所建树。以中国为例，在2020年举办的气候雄心峰会上，习近平主席第四次宣布中国的"双碳"目标，即于2030年实现碳达峰、2060年实现碳中和，这展现出制造业在中国式现代化的背景下人们对于既要发展好社会经济，也要与自然和谐共处的美好愿景。基于以上努力，现代制造业对于传统化石燃料的依赖被大大削弱，国际碳排放量大大减弱，环境质量也得以改善。

第四节　现有现代制造业体系研究评述

目前，学界内针对清远市产业体系的构建问题鲜有研究。谭目兰（2023）从"一核一带一区"的视角出发，借助三次产业结构的偏离度对清远市的产业体系进行分析，反映出清远市三次产业的问题。首先，清远市作为粤北生态发展五市之一，第一产业占比过高，且缺乏现代性、集约性，适合发展现代农业与生态农业；第二产业占比不断降低，为实现清远经济可持续发展，应在保证环保的基础上发展比较优势产业；第三产业发展上仍有欠缺，需要着力发展现代服务业。郭瑞东从产业结构化、企业竞争力培育以及产品的高端化三个角度来分析美日韩等发达国家发展现代产业体系的架构与特征，总结其发展经验以提出对河北省具有针对性的启示与建议：首先，河北省可以借力政府对产业的科学规划与有力的扶持政策来缩短产业现代化的周期；其次，为产业构筑一个良好的发展环境也能够调动产业快速进入现代化阶段的积极性，同时，河北省优越的地理位置也能够为其发展助力，河北省可以通过加强合作、充分利用环京津优势所提供的强大科研力量以解决河北省产业发展中的重大问题。燕翔（2023）通过分析中国近年来的GDP、人口、平均工资等数据，指出未来的中国制造业高质量发展路径会趋于数字化、智能化与绿色化，并说明了中国未来制造业发展政策制定上所需要关注的重点；深刻分析了科技创新对发展制造业的贡献、制造业对于中国未来经济发展的重要性以及制造业对中国抵御外部风险的意义。

作为制造强国建设的强有力支撑，工业产业体系在极大程度上推动了我国社会经济的高质量发展。赵辉（2024）指出，目前我国的现代工业产业体系已经具备了多个有利的现实基础——顶层设计日渐明晰、关键技术攻关力度加强、工业产业结构日趋完善，可以借势走积极构筑自立自强科创体系、集中力量打造新型工业产业集群、持续激发市场主体的生产活力、快速完成工业制品绿色生产的多维路径，从而能够为高质量现代工业产业体系能够在中国式现代化的背景下充分赋能。

作为服务实体经济的核心，金融能够在现代化产业体系建设中发挥很大的作用。潘锡泉（2024）围绕我国现代产业体系建设中遇到的难题，借鉴欧美发达国家实践经验并结合我国现代化产业体系的建设要求，从我国现代金融结构优化、多元化金融服务体系赋能农村产业发展、金融助力发展新质生产力实现科技创新、数字技术应用反哺金融发展以及供应链产业链金融发展五个方面指出了金融推进我国现代化产业体系建设的实践路径。

随着相关研究的不断深入，我国对于现代产业体系的理解更加深刻，数字基础设施与工业互联网等关键设施的建设对于构筑现代产业体系的作用也更加凸显。陈志静（2023）在此基础上指出了当前产业现代化在数字技术壁垒背景下面临的主要问题，即基础理论研究的薄弱和创新产业成果的缺乏，并从现代产业的概念、结构及供应链与产业发展模式等相关基础理论的角度出发，指出了有利于现代产业体系构筑的数字基础设施的架构方案与路径，对本书研究具有借鉴意义。

然而，现有文献的评价维度仍面临诸多挑战与限制，存在着许多急需改进的地方。首先，在制造业体系评价维度上的选择仍有些单一，并且与当下所倡导的新发展理念融合程度不深。多侧重于针对创新与绿色两个理念的分析，而对其余三个理念的分析较少，且不够透彻；其次，各维度的指标选取角度存在选择单一这一问题的同时，还兼有使用频率及范围相对分散的问题。因此，在研究时仅仅依靠单纯的数据进行分析，而不对当下经济、环境与社会等因素进行权衡说明，也会对研究结果产生一定的影响。

第二章

清远市建设现代化制造业体系的
基础和历史进程

第一节　清远市建设现代制造业体系的基础

现代制造业是实体经济的重要组成部分,是清远市经济发展的重要支柱,从淘汰落后产能,到优化传统产业、加快创新驱动,再到培育壮大战略性新兴产业发展。近年来,清远市着力推进产业结构升级取得了一定成效。2022年,全市实现规上工业增加值672.5亿元,规上工业增加值占GDP比重超过33.1%,其中工业园区完成规上工业增加值289.5亿元,工业投资同比增长17.3%,35个重点工业项目超额完成年度投资计划。新建投产并上规工业企业17家,小升规入库企业71家。同时,清远市积极推动清远高新区、广清产业园、清远经开区、广清纺织服装产业有序转移园、广佛产业园、佛冈县产业转移工业园等园区和集聚地纳入主平台管理。本节将从实体经济、科技创新、现代金融、人力资源四个维度阐述清远市建设现代制造业体系的基础。

2018年清远市政府工作报告提出,要把握经济高质量发展新要求,坚定不移推动产业转型升级,要加快构建实体经济、科技创新、现代金融、人力资源协同发展的现代产业体系,大力发展实体经济,将先进制造业打造成为清远的主导产业,推动产业集聚发展,落实好省支持实体经济发展的10项政策,加大企业帮扶力度。

（一）实体经济日益强大

党的十九大后，习近平总书记强调，中国必须始终高度重视发展壮大实体经济，不能走单一发展、脱实向虚的道路。发展实体经济是一国的立国之本和财富之源，也是国家兴旺强盛的重要支柱，是建设我国现代经济体系的坚实基础，也是构建我国未来发展战略的重要支柱。

实体经济是清远经济发展的根本，只有实体经济发达强大，地区才能实现长久的经济发展，发达稳健的实体经济是社会最大的就业容纳器和创新驱动器，日益强大的实体经济总量是清远建设现代制造业体系和现代经济体系的最好保障。

（二）科技创新逐渐增益

科技创新是清远市现代制造业重要推动力，充分发挥科技创新对清远制造业高质量发展具有重要支撑引领作用。"十三五"期间，清远市加大科技创新投入，全社会创新能力明显增强、创新资源加速集聚、创新环境不断改善，部分科技创新指标走在粤东西北地区前列。2022 年清远在科学技术支出 2.53 亿元、下降 31.2%。截至 2023 年 10 月，清远市技术合同成交额达到 1.01 亿元，同比增长 47.7%。这是清远市技术合同成交额首次突破亿元大关，再创历史新高。科技创新的进步将大力发挥其基础性支撑作用推进清远建设现代制造业体系进程。2021 年，该市研究与试验发展（R&D）经费投入 21.76 亿元，占 GDP 比重达 1.08%，首次突破 1%[①]；2022 年，省级农业科技园区、省级新型研发机构数量分别跃居全省、粤东西北首位，高新技术企业、省级工程技术

---

① 张彩霞. 这项指标清远首次突破 1% ［N/OL］. ［2022 - 12 - 09］. https：//www. gyrb. com/detail Article/20734154_18499_qyrb. html.

研究中心数量均排名粤东西北地区第 2 位，打造出有力的创新阵容，形成了良好的"创新攻势"①。清远市科技局局长余爱国指出，清远市提高"十四五"期间各级政府科技财政总量投入，合理规划科研资金投入，借助财政资金撬动社会其他类型资金投入，为科技创新主体提供科研资金保障。

得益于清远创新氛围越来越浓厚，"创新清远"科学技术奖受到越来越多的关注。如今这座被称为"距离粤港澳大湾区中心城市最近、发展空间最大、生态条件最好"的城市，在科技创新方面交出了精彩答卷。例如，2021 年，清远市研究与试验发展（R&D）经费投入 21.76 亿元，占 GDP 比重达 1.08%，首次突破 1%；2022 年，省级农业科技园区、省级新型研发机构数量分别跃居全省、粤东西北首位，高新技术企业、省级工程技术研究中心数量均排名粤东西北地区第 2 位，打造出强有力的创新阵容，形成了良好的"创新攻势"。

清远市深入贯彻落实党的二十大精神以及省委、省政府重要工作部署，加快实施创新驱动发展战略，加强企业主导的产学研深度融合，强化企业科技创新主体地位，提高科技成果转化和产业化水平，以科技创新推动实体经济为本、制造业当家落到实处。清远市科技局深刻认识到创新平台的重要性，以优化科技创新平台体系为抓手，建立以企业为主体、市场为导向的产学研用深度融合创新体系。因此，清远积极推动中山大学医学创新园等大科学装置破土动工的同时，在制造业领域精准发力，引导企业申报建设重点实验室、工程技术研究中心、技术创新中心、新型研发机构、高水平创新研究院；在农业领域推动创建国家级、省级农业科技园、星创天地等科技创新平台，提升产业自主创新能力。目前，该市的省级农业科技园区达到 8 家，数量跃居全省首位；省级工程技术研究中心总数达 143 家，排名粤东西北第 2 位；全市省级新型研

---

① 清远发布. 央媒关注！清远登上科技日报［N/OL］.［2023 - 08 - 07］. https：//www. sohu. com/a/709701745_121106875.

发机构总量达到 7 家，跃居粤东西北首位；完成主营业务收入 5 亿元以上的工业企业研发机构全覆盖，规模以上工业企业研发机构覆盖率达 33%。

近年来，清远大力实施创新驱动发展战略，深度对接广深科技走廊，加大高新技术企业培育力度，高质量开展高新技术企业服务工作，建立高新技术企业培育全流程服务体系，不断壮大高新技术产业集群。据统计，3 年来，全市高新技术企业所得税减免达 25 亿元以上。2008~2020 年，全市高新技术企业数量年均增加约 30 家。2021~2022 年，受新冠疫情影响，该市高新技术企业数量实现逆势增长，共增加 144 家，年均增加 72 家，年均增量翻倍，成功助推全市高新技术企业突破 500 家，达 514 家，创历史新高。不只是数量有突破，高新技术企业的质量也实现突破。清远市高新技术企业实现工业总产值从 2020 年的 905 亿元，增长至 2022 年的 1406 亿元，年均增速高达 24.6%，为高质量发展发挥了科技创新的引领支撑作用。

（三）现代金融支撑提升

金融业加大力度支持制造业高质量发展，既是巩固当前经济回升向好态势，又是夯实经济高质量发展基础的重要举措。清远市坚持以实体经济为本，把为实体经济服务作为金融工作的出发点和落脚点，不断加大实体经济信贷支持力度。同时优化信贷结构，全力支持制造业高质量发展。加强资源配置，创新产品和服务，加大贷款投放力度，充分发挥金融支持实体经济尤其是制造业高质量发展"活水"作用，助力传统产业改造升级，支持战略性新兴产业和现代服务业发展，支持广清纺织服装产业有序转移园及入园企业建设。截至 2022 年 12 月末，全市制造业贷款余额 297.3 亿元，同比增长 25.1%。先进制造业贷款余额 73.5 亿元，同比增长 34.7%。在"十三五"时期，清远市大大提升了金融服务实体经济效能，包括信贷结构不断优化，信贷投放支持、实施融资增信风险措施，缓解企业融资难问题、破除融资"中梗阻"切实降低资金成本。

"十三五"时期，清远金融改革发展成效显著，金融业增加值实现倍增。2020年金融业增加值达到123.5亿元，相比2015年（61.1亿元），实现翻番，居全省第11位，居北部生态发展区首位；金融业增加值占全市GDP的比重为6.95%，比2015年增加2.19个百分点，从2015年的全省第9位上升到第6位，成为名副其实的支柱产业。"十三五"期间金融业增加值年均增速8.1%，高出GDP年均增速2.6个百分点。占第三产业的比重从2015年的10.2%上升到13.83%。除此之外，金融产业绩效不断提升。2020年，金融实现税前利润42.27亿元，比2015年增长60%，居全省第12位，"十三五"期间平均增速为9.8%；全市金融机构外币贷款余额均居北部生态发展区首位。2020年，清远存贷比81.7%，比2015年（62.4%）上升了19.3个百分点，高出全省平均水平8.6个百分点，居全省第8位。同时金融机构持续扩张，"十三五"期间，清远市资金吸附能力也在不断增强，2020年全市金融机构本外币存款余额2710.50亿元，比2015年增长60%，居全省第12位，"十三五"期间平均增速为9.8%；全市金融机构本外币贷款余额2214.4亿元，相比2015年实现翻番，居全省第11位；金融机构本外币存贷款余额均位居北部生态发展区首位。

"十三五"时期，清远市多措并举，提升金融服务实体经济效能。2020年，第一产业贷款余额56.96亿元，比上年增长24.05%；制造业贷款余额203.35亿元，比上年增长29.74%，占各项贷款的9.18%，占比同比提高0.87个百分点；绿色贷款余额67.64亿元，同比增长75.28%。信贷结构不断优化，信贷投放支持实体经济功能不断加强。

设立信用担保基金（1亿元）、市企业信用贷款风险资金池（2亿元）和市知识产权质押融资风险补偿资金（1000万元），其中累计发放信用担保贷款9.05亿元，完成19笔共5750万元的风险资金贷款备案工作。实施融资增信风险措施，缓解企业融资难问题。

积极落实支农支小再贷款政策，出台《运用支小支农专用再贷款发放小微企业、涉农贷款财政贴息实施方案》，对获得再贷款支持的涉农企业、小微企业等再给予贷款额 0.7% 的财政贴息，进一步降低了融资成本。实施财政贴息，缓解融资贵问题。

出台《清远市中小微企业转贷（过桥）资金管理暂行办法》，为符合国家产业政策、发展导向和银行信贷条件，贷款即将到期具有还贷资金需求的企业提供短期周转。设立中小微企业应急转贷（过桥）资金（1 亿元），实现转贷金额 2.7 亿元，为企业节约资金成本超过 500 万元。破除融资"中梗阻"，切实降低资金成本。

为更好地助推清远高质量发展，广东清远农商银行以深入推进"农村金融（普惠）户户通"为切入点，不断加大支农支小力度，持续创新金融产品，2022 年累计投放贷款近 100 亿元，累计缴税超 2 亿元，为清远高质量发展贡献了力量。聚焦助企纾困，着力成为护航清远经济的"稳定器"。专门推出金融"纾困十条"，举全行之力促经济稳增长。2022 年累计投放近 100 亿元，其中，投放经营性贷款超 80 亿元，占比 86%，投向行业主要为制造业、批发零售业和交通运输业等。新发放普惠小微贷款加权平均利率同比下降 0.71 个百分点。近三年累计减费让利 3 亿元。2023 年，清远农商银行将锚定高质量发展首要任务，专门成立"服务高质量发展工作专班"，不断加大信贷投放，全年贷款计划同比增长 10% 以上。由此可见，现代金融对清远市建设现代制造业体系的支持作用得到了大幅度增强。

（四）人力资源集聚加强

2022 年末，省职教城三期项目近期组团启动建设，硬件赛道上一路向前。在这条赛道上，坐拥 12 万大学生的清远，却很难获得年轻人的青睐。毕业留清人数不超过总人数的 5%。造成这一现状的原因有两点：

一是清远本土企业可提供的就业岗位少。在这个时代，有一个好工作比什么都重要。即使是普通大学本科毕业生，也更愿意到北上广深这样的一线城市工作。可选性本就不强，再加上一些中小企业依赖"家族式"发展路径，无法满足年轻人对发展前景的追求。二是当前清远高校主要以专科院校为主，但体制内单位、国企等大平台绝大部分面向本科生招录，提供给专科毕业生的机会并不多。体制内进不去，企业岗位选择少，进一步加大了大学生在清远就业的难度。

中共中央印发的《关于进一步深化人才发展机制体制改革的意见》提出，要深入实施人才强市战略，深化人才发展体制机制改革，下大力气持续优化人才发展环境。在此背景下，清远大力实施"广聚英才计划"，不断完善政策体系，全方位构筑人才高地。与此同时，清远大力推进高水平人才工作平台建设，持续加大人才发展专项资金投入，加速形成"引才聚才、育才用才"的良好局面。目前，全市共建成省博士工作站53个、国家博士后科研工作站7个、省博士后创新实践基地15个，省级新型研发机构增至7所，在粤东西北地区位居前列。清远成功打造市县镇多级联动的新型人才驿站人才服务体系保障"一站式"贴心人才服务。目前已建成158套高层次人才公寓保障人才住房，为人才子女入学提供优先便利服务。

清远不断加强各类人才服务管理工作，为各类高层次创新创业人才及团队提供"一站式"贴心服务。一是聚焦"一站式"贴心服务。依托政务服务网、手机App等线上平台和"粤省事""粤商通"等线下窗口，提供便捷高效的办事渠道。围绕青年、博士后、退役军人等重点人群需求，开发集"咨询＋培训＋政策＋活动"为一体的个性化定制服务产品。实行一名领导干部联系一个单位、一个重点项目、一个高层次创新创业团队的"一对一"工作机制。在清工作的全职博士、博士后除享受企业给予的丰厚待遇外，还能享受优越的人才政策待遇。例如，被认定为清远市第六类高精尖缺人才可享受一次性10万元的人才安家费政策补助；符合新引进博士研究生条件的可同时享受市级40万元和省级至少 20 万元的政策补助；进入博士后科研工作站（分站）、博士后创新实践基地的在站博士后，可连续 2 年享受市级 15 万元、省级 20 万元的政策补助。2022 年专利授权量 5881 件、下降 5.8%，其中发明专利授权量 611 件、增长 43.1%；《专利合作条约》国际专利申请量 23 件、下降 36.1%；2022 年末有效发明专利量 2204 件，增长 32.9%。

2022 年是党的二十大召开之年，也是《中华人民共和国知识产权强国建设纲要（2021－2035 年）》实施元年。据统计，截至 2022 年 10 月 31 日，清远全市有效发明专利量 2204 件、增长 32.9%；知识产权质押融资余额 11.16 亿元、增长 27.2%；国家知识产权示范企业 3 家、国家知识产权优势企业 6 家、省级知识产权优势企业 20 家、市级知识产权优势企业 49 家；获得中国专利优秀奖 2 项、广东专利金奖 1 项；实施专利转化项目 46 项；授权发明专利 556 件。获第二十三届中国专利奖优秀奖 2 项，获第九届广东省专利奖杰出发明人奖 1 人。全年科技成果 31 项（均为应用科技成果），较上年下降 29.5%。共获得奖励 7 项，增长 700%。全年签订技术合同 41 件，较上年增长 14.8%。2022 年末拥有省级新型研发机构 7 家；国家级工程中心 1 家、省级工程中心 143 家、市工程中心 323 家；高新技术企业 514 家。

第二节 清远市建设现代制造业体系的历史进程

改革开放以来，清远市的工业、农业和第三产业均得到了迅速发展，其经济结构也发生了深刻的变化，清远实现了从农业经济社会跨越到工业化社会的伟大转变。在工业的带动下，第二产业快速发展并成为了占比最大的产业，清远也坚定地走上了工业化道路。党的十九大报告提出了"建设现代化经济体系"，并要求着力加快建设实体经济、科技创新、现代金融、人力资源协同发展的产业体系。作为实体经济中最重要部分的清远制造业也迎来了历史性机遇，改革开放让清远实现了破茧成蝶的蜕变，也让清远制造业实现了巨大的进步和飞跃。

（一）孕育期（1978～1988 年）

1978 年 10 月，清远县为了扩大企业自主权，调动工人的积极性，实现扭亏增盈，突破体制的束缚，先在清远氮肥厂等 4 家国营工业企业试行"超计划利润提成奖"，随后向全县 17 家国营工业企业推广，很快实现扭亏为盈。1980 年 7 月 5 日至 8 日，时任中共广东省委第一书记习仲勋亲自带队到清远调研考察改革情况并给予高度评价。同年 7 月 29 日，广东省委、省政府印发《批转清远县国营工业企业试行超计划利润提成奖和改革工业管理体制的情况报告》，向全省推广"清远经验"。同年 8 月 1 日，《人民日报》头版头条报道清远县经济体制改革经验。"清远经验"在激烈的争议声中一步步向全省、全国推广。1982 年 11 月 30 日，国务院在全国人大五届五次会议上作的《关于第六个五年计划的报告》中，对清远的改革作了充分肯定。

随着改革开放的逐步深入、社会主义市场经济的不断发展，工业经济受到的重视程度逐步提高、工业经济为制造业体系带来了蓬勃生机、工业企业数量急剧增长、个体工业得到快速发展、宽松的市场环境为个体工业的发展提供了广阔的空间等五个方面均发生了深刻变化：1988 年，全市规模以上工业完成总产值 12.9 亿元，初步形成了以化学工业、建材工业、食品工业为主的工业体系，为清远现代工业发展奠定了坚实基础。其间，市场投资力度不断加大，经济境况日益繁荣，为制造业的发展注入了新的活力。清远县积极探索国有企业改革和发展的新模式，将传统国有企业向现代股份制企业转变，并逐步建立起科学的管理制度。在此期间，清远也得到了来自政府和社会各界的支持，为促进清远经济发展发挥了重要作用。

经过十余年的不懈努力，清远市在制造业领域取得了丰硕的成果，积累了丰富的实践经验，政府也开始关注和支持制造业，这是清远现代制造业体系的起点。

（二）成长期（1989～1998 年）

清远市的经济发展历程充满了挑战和机遇。建市初期，全市 GDP 不足 35 亿元，人均 GDP 只有 1100 元，这在当时是一个相当低的水平。因此，清远一度被称为广东经济的"寒极"。然而，面对这样的困境，清远政府并没有退缩，而是带领清远人民奋勇攻坚。

经过几年的努力，国民经济开始稳步巩固，并进入了快速发展的阶段。从 1992 年到 1995 年，全市 GDP 增长了 85.7%，年均增长率达到 16.7%。在这个时期，清远市的生产总值首次突破"百亿元"大关，达到了 121.2 亿元。然而，随着 1997 年亚洲金融危机的爆发，经济发展势头有所减缓，1997 年和 1998 年的 GDP 增长率分别仅为 4.8% 和 4.9%。尽管面临困难，但清远市的经济发展并未停滞。到 1998 年，全市的生产总值达到了 135.2 亿元，十年间增加超过 100 亿元，年均增长率为 10.6%。同时，人均生产总值也不断提高，达到 4243 元，比 1988 年增长了 1.7 倍。

在此期间，清远市对制造业体系的重视和发展起到了关键的作用。工业是其中的重点代表。1998 年，清远市的工业生产稳定增长，全市企业普遍开展了改革转制工作，大胆探索新的经营形式，坚持"抓大放小"的方针，确定了 9 家重点发展的大型企业集团，七成以上的国有工业企业实行了改革转制。全市工业总产值达到 95.5 亿元，比 1997 年增长了 15.3%；企业效益也出现了止跌回升的趋势，独立核算工业企业的利润总额比上一年减亏了 32.2%，其中市直工业的利润总额比上年增长了 40.9%。

在建市之初，清远市的工业基础较为薄弱，第二产业占 GDP 比重只有 23.7%，其中工业占比为 18.3%，而第一产业占 GDP 比重高达

54.7%，农业经济社会特征十分明显。然而，随着计划经济向市场经济的深入推进，市场活力不断激发，非公工业经济迅速发展。1998 年，全市非公工业企业达到 344 家，实现工业产值 47.7 亿元，非公工业企业产值占比达到 57.2%，比 1987 年的 4.7% 提高了 52.5 个百分点。

为了进一步加快经济特别是工业经济的发展，1991 年 9 月成立了清远扶贫经济开发试验区，成功开创了一条以"异地发展、体外造血"为主要特征的立体式、开放型、开发性工业扶贫新路子。在此过程中，清远的化学工业、建材工业、食品工业等不断壮大。到 1998 年，全市规模以上工业增加值达到 22.2 亿元，与 1988 年相比名义增长近 4 倍，年均增长率达到 17.4%，第二产业占 GDP 比重上升到 29.9%，其中工业占比上升到 22.5%。

制造业的重要行业如化工制造业、建材行业、食品制造行业等都得到了大幅度的发展，大大提升了制造业对清远经济的支撑作用。

（三）起飞期（1999～2008 年）

改革春风吹满地，扬帆起航正当时。世纪之交的清远，亟须改变贫穷落后的状况，抢抓机遇、加快发展成为这一时期经济工作的主线。2003 年，清远以产业转移为突破口，深入实施以工业化为核心的"三化一园"发展战略，着力营造"洼地效应"，通过"引凤筑巢"方式，全方位、大范围、多层次主动承接珠三角产业转移。全市上下铆足干劲掀起了经济发展的新篇章，走出了一条符合清远实际的后发赶超之路，创造了欠发达地区跨越发展的"清远现象"，完成了清远发展史上的第一次华丽转身，这一时期也标志着清远进入了建设现代化制造业体系阶段，自主创新能力和核心竞争力成为发展制造业的重要基础。改革开放后，尤其是党的十六大之后，市委、市政府把握发达地区产业转移的历史契机，大力推动招商引资，先后引进了安徽海螺集团、云南铜业等大批国内外知名品牌企业，工业集群化、园区化程度不断提高，建成了中国（清远）再生资源示范基地、清远陶瓷工业城等一批特色鲜明的工业园区。为未来清远形成十大工业体系奠定了坚实的基础。

2007 年，全市工业总产值首次突破 1000 亿元大关，达到 1172.6 亿元，位于全省第十位，进入了全省十大工业市行列。2007 年 9 月，国家统计局公布了 2006 年度全国 286 个地级城市的综合实力排名，清远居全国第 95 位，进入了全国综合实力百强城市序列。2008 年，全市 GDP 达到 652.1 亿元，比 1998 年增长 3.3 倍，年均增长 15.6%。其中 2003 ~ 2007 年，GDP 增长了 1.8 倍，年均增长 23%。改革开放 30 年来，全市生产总值增长了 32.9 倍，年均增长 12.5%；人均生产总值增长了 24.7 倍，年均增长 11.4%。经济实力大幅提升的同时，经济结构也发生了深刻变化，一二三产业结构由 1998 年的 42.2∶29.9∶27.8 调整为 2008 年的 15.0∶48.5∶36.4，坚定不移地实施工业化战略是这一时期清远经济实力大幅提升的关键。2008 年标志着清远从农业经济社会跨越到工业化社会，工业经济在国民经济中占 53% 的主导地位。并且在经济体制上也发生了深刻的变革。1978 年，在全市工业经济中，全民所有制产值占 72%，集体经济产值占 28%。公有经济一统天下。改革开放后，各种经济成分竞相发展。2008 年，工业经济中，公有经济产值仅占 5.9%，三资企业产值占 48%，股份制经济占 39.7%，其他经济占 6.3%。

2007 年 9 月，国家统计局在《2006 年我国地级及以上城市综合实力比较研究》公布的百强城市名单中，清远市名列 95 位，首次进入全国百强城市行列。2008 年，全市财政总收入达到 89.1 亿元，比 1950 年增长 656 倍。截至 2008 年底，在全省 21 个地级及以上城市中，清远的生产总值、地方财政一般预算收入均居全省第 12 位，固定资产投资和规模工业增加值分别位居第 5 位和第 9 位，综合经济实力已由全省下游跃升中游水平①。

---

① 清远市统计局：《改革开放四十年清远经济发展的探索与思索》．[EB/OL]．[2018 – 07 – 04]．http：//www.gdgy.gov.cn/xxgk/zzjg/zfjg/qystjj/tjxx/content/post_67383.html.

在"三化一园"战略思想指导下，清远市先后建成了中国（清远）再生资源示范基地、水泥生产基地、清远陶瓷工业城等一批特色鲜明的工业园区，清远在工业化进程中迈出了坚实步伐。2008 年，全市规模以上工业企业达到 722 家，规模以上工业增加值由 1998 年的 18.6 亿元增加到 233.4 亿元。尤其是 2003～2007 年，清远工业呈井喷式增长，这五年时间，规模以上工业增加值增长了 6 倍，年均增长 47.5%[①]。在推动工业跨越发展的同时，清远坚持走"工业园区化、园区产业化、产业集聚化、产业高端化"的新型工业化发展道路，不断增强自主创新能力和核心竞争力，提升产业向高端化迈进。逐步形成了以建材、电力、金属制品、纺织服装、制鞋皮革、化学医药、废旧金属材料回收为主的工业生产体系，以约克、豪美、佳的美、建滔、国珠集团为代表的高新技术企业也脱颖而出。

（四）转变期（2009～2017 年）

随着外部经济发展环境更趋复杂严峻，土地、资本、技术、劳动力等资源要素瓶颈制约日益明显，清远经济发展面临前所未有的困难和挑战，到 2012 年 GDP 仅增长 5.1%，增速创新世纪以来最低。面对经济发展的严峻形势和被动局面，清远主动调整战略发展方向，以提高经济发展质量为重点，坚定不移地推动结构调整和产业转型升级。在坚定不移推动结构调整和产业转型升级的同时，着力破解经济发展过程中的新情况、新问题，确保经济运行在合理增长区间。2017 年 GDP 比 2008 年增长了 1.1 倍，年均增长 8.4%，除个别年份因淘汰落后产能经济增速明显偏低外，其他年份经济增长均较快，整体上保持稳步增长的发展态势，且在 2011 年 GDP 突破了千亿元大关。在此期间，服务业超越工业

---

① 清远市统计局：《改革开放四十年清远经济发展的探索与思索》．［EB/OL］．［2018 - 07 - 04］．http：//www.gdgy.gov.cn/xxgk/zzig/zfig/qystjj/tjxx/content/post_67383.html.

成为经济增长的主要贡献力量，成为经济增长的重要引擎，为经济的稳定增长提供主要支撑。

随着美国次贷危机引发的全球金融危机爆发，全球经济开始衰退，特别是欧洲、日本等发达国家和地区的经济陷入深度衰退。我国国内市场需求疲弱，投资拉动作用明显减弱，出口形势不容乐观。这一时期，清远面对的外部经济发展环境更趋复杂严峻。一方面，随着"四万亿计划"刺激政策效应的逐渐减弱，其带来的短期冲击逐步显现；另一方面，随着土地、资本、技术、劳动力等资源要素瓶颈制约日益明显，清远经济发展面临前所未有的困难和挑战。

面对经济发展的严峻形势和被动局面，清远主动调整战略发展方向，以提高经济发展质量为重点，坚定不移地推动结构调整和产业转型升级。在坚定不移推动结构调整和产业转型升级的同时，着力破解经济发展过程中的新情况、新问题，确保经济运行在合理增长区间。在此期间，清远着力调优调强产业结构、促进转型升级。

一方面突出抓好新兴产业培育和传统产业改造提升；另一方面坚持做好招商引资工作和培育壮大支柱产业。同时为进一步助力制造业发展，清远市深入推进供给侧结构性改革。2013 年以来清远以供给侧结构性改革为主线推动转型升级取得阶段性成效。全市主要经济指标增速加快回升，2015 年增速在全省排名第一位；2016 年增速在全省排名第二位；2017 年增速在全省排名第三位。除此之外，清远市还加大工业领域供给侧结构性改革力度，积极推动传统制造业企业兼并重组、做强做优做大。2017 年 1～11 月规模以上工业增加值增长 9.5%；其中规模以上战略性新兴产业增加值增长 11.7%；全年完成工业投资 159.8 亿元，同比增长 28.2%；新开工工业项目 337 个，总投资 1311.7 亿元；其中亿元以上项目 180 个，总投资 1346.3 亿元。2017 年 1～11 月全市新登记各类市场主体 71319 户，同比增长 20.9%；全市新增注册资本总额 610.8 亿元，同比增长 31.2%；累计新增市场主体 142672 户（不含房地产），同比增长 25.2%；全市实有市场主体总人数达 232335 人

（不含房地产）。

（五）高质量发展期（2018 年至今）

走过汗泪交织的艰辛，走过喜忧同在的阵痛，四十年的风云激荡，四十年的不懈探索，情缘在推动社会发展过程中有着太多刻骨铭心的记忆。当前，清远正处于加快振兴发展、优化产业结构、转变发展方式相互交织、相互影响的重要阶段，经济发展中结构性问题和深层次矛盾凸显，面对着稳增长与淘汰落后产能、环保督察、节能降耗等两难、多难抉择，建设现代化制造业体系，实现制造业转型升级。

《清远市国民经济和社会发展第十四个五年规划和 2035 年远景目标纲要》提出要将工业作为引领发展新动力。推动先进材料、绿色石化、食品加工、现代轻工纺织等传统优势支柱产业转型升级，做到从传统制造业到现代制造业的伟大转型升级。做优做强生物医药与健康、汽车零部件及配件制造、新一代电子信息、软件与信息服务业和智能家电等战略性支柱产业。前瞻布局前沿新材料、高端装备制造、安全应急、精密仪器和新能源等战略性新兴产业。积极推进广清一体化，入珠融湾，谋划发展未来产业，高标准规划建设承接产业有序转移主平台，抢抓大湾区产业转移机遇，走出产业强市的铿锵步伐。

如何推动清远高质量发展？最重要的就是狠抓以实体经济为本、制造业当家的"十大行动方案"。2020 年的最后一天，在"十三五"和"十四五"两个五年计划接力延续，"两个一百年"奋斗目标历史交汇的重要节点，市委首次通过《清远日报》向社会公布"十大行动方案"。这份"1 个总方案 + 10 个专项行动方案 + 10 套项目清单"的文件架构，紧扣全市重点工作，详细列出 2021 年各项任务清单，以重点抓项目、抓重点项目、抓项目重点推动清远高质量发展。2023 年，市委"十大行动方案"更加聚焦以实体经济为本、制造业当家，现代纺织、智能制造、前沿新材料等重点项目被纳入《关于实施创新驱动发展战略建设现代化经济体系的行动方案任务清单》里，力争不断发展壮大制造业，形成产业集群。

清远高度重视实体经济尤其是制造业发展。近年来，清远市聚焦"实体经济为本，制造业当家"，出台了《清远市先进制造业和高技术制造业企业扶优计划》等系列政策，加快推动以先进制造业和高技术制造业为核心的工业经济高质量发展。同时，强化"亩产论英雄"工作理念，开展工业企业匹配度提升工作，大力实施创新驱动发展战略，通过科技赋能强链、补链、延链，加大高新技术企业培育力度，全面提升产业链、价值链和创新链，加快构建现代化产业体系。全市规上工业企业突破 1000 家、高新技术企业突破 500 家。2023 年 11 月 21 日，2023 广东省制造业 500 强峰会在佛山市举行。会上发布了《2023 年广东制造业 500 强企业研究报告》，清远共 8 家企业入围广东制造业企业500 强，入围数量在全省排名第 11 位，粤东西北地区排名仅次于揭阳市的 11 家。其中，广东先导稀材股份有限公司以 156.63 亿元的营业收入跻身前 50 强。

第三节　日趋向好的清远市营商环境

良好的营商环境是提升城市核心竞争力的关键所在，更是衡量一个城市营商便利度、投资吸引力的重要指标。一个健康的商业环境可以吸引更多的企业和投资者，从而推动城市的经济发展和就业增长。优化营商环境不仅是高质量发展的内在要求，也是清远市发展策略中的重要一环。为实现这一目标，清远市政府积极对标先进地区，扎实做好国家和省优化营商环境改革举措的复制推广借鉴工作。通过不断加强优化营商服务环境的力度，清远市致力于打造公平公正、高效便捷的营商环境。在政策上，政府提供了一系列优惠政策以鼓励企业投资和发展；在服务上，政府部门积极提高行政效率，简化审批流程，为企业提供了优质的服务。

此外，清远市还积极敞开怀抱，做大增量，做优存量，全力向高质量发展发起冲刺。这包括引入更多优质的外来投资项目，同时也注重对本地企业的扶持和升级，以期实现经济的可持续发展。总地来说，清远市正以前所未有的决心和力度，打造一流的营商环境，以吸引更多的投资，促进经济的快速发展，进一步提升城市的综合竞争力。

（一）广清营商环境一体化建设

近年来，随着一系列对标广州的营商环境改革快速推开，清远市以广清营商环境一体化为抓手，全面提升优化清远营商环境，创造了一次次令人惊叹的"广清速度"。"拿地即开工""项目从动工建厂到试投产仅用了 8 个月时间""不到 10 个月就建成投产"，在 2022 年广东省营商环境评价中，清远市获评为第二档，首次与大湾区城市列入同一档次。立足广清一体化全方位高质量融合发展新阶段，清远市提出，将加快推动广州营商环境 5.0 向清远覆盖，持续优化提升营商环境，推动清远高质量发展。

2023 年初，清远市在一个月内举办三场专题招商会，加快承接广州中大纺织服装产业有序转移升级，携手广州打造面向世界的广清现代轻工纺织产业集群。每天都有一批企业现场洽谈、落地搬迁，入驻热情高涨。企业热情入驻的背后，是广清营商环境一体化的深入推进。近年来，清远市积极对标广州，加快推动广州营商环境 5.0 向清远覆盖，构建"一门受理、一站服务、一网监管"的全天候、全方位服务体系，努力打造最具发展潜力和最具投资价值区域。

2022 年 5 月，广清不动产交易、税务、登记"跨城办"事项正式落地；7 月 21 日，广清产业园不动产登记便民服务窗口启用，是广东省首个在工业园区设立的不动产登记便民服务窗口；清城区在全市率先探索推行工业类项目"拿地即开工"审批服务模式改革，为辖区工业投资项目建设开辟了一条"高速通道",强化广清两地政策互融互通,着力搭建一体化的政务服务平台,为各类所有制企业营造公平开放的市场环境,完善配套服务,全面打造市场化、法治化、国际化营商环境。目前,广清跨城通办事项增至 66 项。2022 年 10 月公布的《广清一体化"十四五"发展规划》,对广清营商环境一体化提出更高要求:加快推动广州营商环境优化政策向清远覆盖,有效拓展"广清通办"业务范围,实现广清两市政务服务无差别有效衔接。深化推动"广清通办"业务,在两地政务服务大厅设立互通互办专窗,由专门人员通过远程数字设备协助完成需要当事人现场办理的事项。加大力度拓展跨城办理事项渠道,完善各业务审批系统建设,推进咨询、查询、申请等前端性服务由"网上"向"掌上"发展,推动异地办理自助服务,进一步开拓自助终端通办等渠道,推广更多线下代收代办点,从业务和数据两方面持续加强融合,为广清两地企业和群众提供多渠道、便利化服务,真正实现两地跨区域办理事项"只跑一次"。

为有效提高政务服务效率,清远致力于打造"互联网 + 政务服务"平台,大大促进了两地跨部门、跨区域、跨层级的有关公众企业主体服务相关流程与信息的整合,政府之间实现政务服务事项数据共享,实施统一标识和全生命周期集中管理,通过大数据对信息进行多类别汇聚、主题化整合、知识化分析和个性化服务,有效提高政务服务能力。除此之外,清远市持续深化"放管服"改革,积极下放、委托一批市级行政许可事项,进一步压减投资项目办理时限,深化"证照分离"改革,完善事中事后监管。推动政务数据开放共享,基本实现群众办事高频事项跨省、跨城、跨域办理,实现政务事项"马上办、就近办、网上办、一次办"。目前,清远市本级应上网办理政务事项 99% 实现网上办理。推进工程建设项目审批改革,率先上线运行广东省工程建设项目"一网通办"系统。各类市场主体蓬勃发展,企业开办时间压减至 0.5 个工作日。

清远着力营造广清公平开放的市场环境,增强市场主体和市场经济的活力，推进市场主体健康运行、市场经济健康发展，营造创新创业的良好氛围。其中包括推动广清商事制度改革、实行功能性和普惠性支持政策、加强知识产权保护、完善法治制度体系。打造了广清一体的市场准入制度，为两地市场主体准入提供同质化、便利化的服务，开设双向绿色通道，便利广清两地企业迁移。进一步推行"多证合一""证照分离"等，提高社会投资效率。简化和完善两地企业、个体工商户的注销流程，加速社会资源的有效配置和产业结构的合理调整。清理和规范广清两地不合规补贴，废除有名无实的"支持政策"。在广清经济特别合作区探索推行普惠性金融政策、产业基金股权投资、增加政府市场采购和消费者补贴等措施，弥补市场短板，实现更优化的市场资源配置。同时为了助力中小企业更好地维权，清远加强知识产权保护，打造广清高标准知识产权保护高地，强化司法和行政双保护，严厉打击知识产权侵权违法行为。重点健全中小企业开发自主知识产权技术和产品政策，优化中小企业知识产权维权机制，强化公共服务，推进知识产权纠纷仲裁调解工作，更有效地保护企业知识产权。同时要推动社会法治建设，完善法治制度体系，健全社会行政管理地方性法规规章，健全依法行政制度体系，健全依法决策机制，完善行政复议制度，促进行政权力依法规范公开运行。严格规范行政执法方式、行政执法裁量权，共同促进规范、公正的法治化营商环境。

清远推广学习广州依靠优质的全链条配套服务改善营商环境的做法经验，深化广清配套服务合作，加强清远市配套服务合作，加强清远市配套服务支撑力度，为企业提供良好的发展环境。打造设施一流、环境优美、管理有序的人居环境，推进清远成为广州的休闲花园。配备高标准医疗服务体系，提供高质量医疗服务。构建多元教育帮扶体系，推动广州对口帮扶清远学校建设，打造特色化、精品化和个性化的示范学校，提升教育水平，优化生活配套设施。提升人才服务水平，推动人才引进"一站式"服务，实行"一站式受理、一次性告知、一条龙服务"，实现高层次人才办理有关业务"最多跑一次"。围绕广清一体化发展的重点产业领域，探索制定产业人才引进、培养、激励保障等政策措施。制定为符合条件的清远专家发放广州人才绿卡的办法，吸引更多人才到清远发展，建立广清两市培训协调联动体制，促进清远企业与广州高校合作对接，加强引进、培育优质人才。完善高层次人才认定配套政策，推进广清人才互认，针对专业技术人才实现职业资格、职称和继续教育公需科目学时三方面内容互认。探索广清两市人才库互联，共建共享博士和博士后科研创新平台。推动营商政策融合对接，加快形成广清跨区域的各类市场主体协同联动机制，促进两地营商政策融合对接，推动两地实现营商政策体系一体化。结合广清发展实际制定营商政策，两地政府在企业登记、土地管理、环境保护、投融资、财税分享、人力资源管理、公共服务等政策领域充分协商，并基于协同方案制定有针对性的政策措施。引导和鼓励市场主体逐步取消通信、互联网、金融服务等跨市收费项目。

干部作风是营商环境的"风向标"。在持续优化营商环境工作中，清远市明确，要构建"亲""清"政商关系，在企业遇到困难和问题时积极作为、靠前服务，全力打造有为政府、有效市场。2022年12月9日，位于广清经济特别合作区广佛（佛冈）产业园的丹麦洛科威集团清远工厂正式投入运营。企业筹建过程中，广佛产业园管委会全力协调企业解决环评、排放与能耗指标、用电及用地指标等问题。在市、县和园区各部门大力支持下，项目团队仅用24个月便圆满完成工厂建设、设备安装及正常投产，工厂电炉于2022年5月首次出浆成功，比计划提前10个月时间投产。清远市委、市政府主要领导提出，领导干部要强化担当、主动作为，优化发展环境，形成"人人都是、事事都是、处处都是营商环境"的工作局面。

但是从当前来看，清远统筹经济社会发展依然面临中小微企业等市场主体生产经营困难较多等问题，需要加快推进广清营商环境一体化，在制度、规则、政策、程序等方面不断流程再造、优化改革，帮助市场主体复元气、增活力。从长远看，随着广清产业互动不断加大，清远未来会成为粤港澳大湾区人才、技术、资金的重要流入地。今后要顺应趋势，扎实推进重要平台、重点项目建设，进一步强化政务服务、数据共享、社会信用，持续打造更优营商环境，才能在经济社会高质量发展中赢得新优势。优化营商环境是高质量发展的内在要求。清远主动对标先进，充分调动"东西南北"力量，广泛参与广清营商环境一体化，形成"人人都是营商环境、事事都是营商环境、处处都是营商环境"的工作局面，全力以赴向高质量发展发起冲刺。

（二）清远营商环境 1.0 ~5.0

自 2012 年首次提出"广清一体化"概念，营商环境一体化就是当中的重要内容之一。尤其自 2018 年以来，清远营商环境建设从"1.0"攀至"4.0"，积极对标广州，建立广清营商环境一体化工作专班，加快推动广州营商环境 5.0 向清远覆盖，营商环境改革"先手棋"的优势不断显现。

2021 年清远全市地区生产总值年均增长 5.5%。固定资产投资、规上工业增加值、地方一般公共预算收入年均分别增长了 8.1%、6.6% 和 7.3%，进出口总额实现"七连增"。同时，清远地区生产总值突破了 2000 亿元大关，达到了 2007.45 亿元，同比增长 8.1%。高质量发展取得的成绩背后离不开清远优化营商环境 2018 年"1.0"到 2021 年"4.0"持续发力和保驾护航。

广清产业园的营商优势和区位优势，广清产业园地处广州、清远、佛山交界的"三角"地带，区位优势明显。建园九年来，园区累计签约项目 286 个，计划总投资超 1000 亿元。园区产业值在 2020 年突破百亿元大关达到 103.57 亿元，2023 年工业产值突破 200 亿元，在 2020 年的基础上翻一倍。广清产业园优质的营商环境是企业加大投资的重要原因，园区高效的办事效率节省了企业的时间成本，同时广清产业园分别在 2021 年度、2023 年度广东营商环境创新实践评选中荣获"年度最佳经济功能区奖",被广东省工业园区协会评为五星级服务园区。该园区正在对标对表国内先进地区和先进园区,持续优化改善营商环境。把优化改善营商环境贯穿企业全生命周期、融入抓项目、兴产业、促招商全过程,着力建设企业综合成本低、产业生态优的服务型园区,不断提高核心竞争力,以营商环境之优,助力广清一体化高质量发展。除此之外,园区正从打造高效审批的政务环境、优化公平竞争的市场环境、建立和谐稳定的法治环境、提升产业集聚的要素环境四方面发力,共计十六条措施,扎实推进营商环境优化进程。作为广清一体化高质量发展的排头兵,广清产业园先行先试,接轨"广州开发区经验",积极探索"秒批""信任审批""来了就办、一次搞定"等行政审批制度改革,目标打造大湾区最优最好营商环境。广清产业园相关负责人透露:"得益于良好的区位优势和营商环境,我们每天都要接待好几批客商,多的时候甚至十几批,晚上都经常在谈项目。"

　　作为距离大湾区内核最近的地区,清远有着距离粤港澳大湾区中心城市最近、发展空间最大、生态条件最好的"三最优势",如今立足"十四五"新起点,清远通过抢抓"双区驱动"战略机遇,携手广州全方位、高质量推进广清交通基础设施、产业、营商环境"三个一体化",全力打造融入大湾区崛起排头兵、城乡融合示范市、生态发展新标杆、双区"魅力后花园"。2020年12月,随着首根工程桩顺利完成浇筑,广清城际北延线项目主体工程施工已正式拉开帷幕,各个工区也陆续进入施工阶段。待该项目建成营运后,对内可串联清远未来城市新中轴;对外可联通广深等大湾区核心城区,是清远高质量推进广清一体化、高站位参与"双区"建设的重点项目之一。2020年最后一天,清远市委正式公布推动清远高质量发展"十大行动方案",按照"任务清单化、清单责任化、责任人头化"的要求,紧扣2021年全市重点工作,形成"1个总方案+10个专项行动方案+10套项目清单"。清远全市上下明确"施工图""项目表"和"项目清单",吹响全面加快高质量发展的号角。千古百业兴,先行在交通。

清远市区距离广州白云机场仅 30 公里，拥有武广高铁、广清城轨等快速轨道交通和"六纵四横二联"的高速公路路网架构。清远土地面积 1.9 万平方公里，约占全省陆地面积的 10.6%，是广东省陆地面积最大的地级市。辖内土地开发强度不到 6%，工业用地、用水、用电及人工成本仅为珠三角地区的 60%～80%，能为产业转移升级提供充足的发展空间。广清城际北延线建设就被"十大行动方案"的"项目清单"包括在内。该"项目清单"中，还包括推动广州经清远至永州高铁项目（广东段）、推动广州地铁 18 号线、36 号线延伸至清远项目、广连高速清远段等重点交通项目。在"十大行动方案"的引领下，清远正依托大交通刷新融湾新速度。2021 年，广清永高铁项目写进省政府工作报告，"争取广清永高铁广东段控制性工程动工建设"写入市政府工作报告；已开工建设的广清城际北延段已完成投资 10.6%，2021 年完成投资 10 亿元；推进中的广州都市圈广清接合片区轨道交通线网规划项目已于 4 月 28 日公开招标。2021 年五一劳动节前夕，广清城际、广州东环城际两条线路总客运量刷新开通以来历史新高。

清远具有区位、自然环境、人力资源等优势，是一片投资的热土，充分发挥区位、空间、生态等比较优势是关键之举，同时要进一步打通交通路网"大动脉"，全力实施"三铁工程"，推动清远营商环境互融，全力实现"交通不短，清远不远"。

优化营商环境，助推招商引资工作。近年来，清远市印发实施《清远市"大招商"工作机制》《清远市重点招商项目动态管理制度》等政策措施，逐步构建"大招商"格局，推动大招商、要素保障和项目落地齿轮化运作。营商环境的不断优化，也使得越来越多的企业选择清远落户。"我们有两个项目都是从深圳过来的，这也是我们看中清远营商环境的原因"，清远华润电力（清城）有限公司相关负责人告诉记者，这两个项目从落户到建设投产，都得到了清城区"保姆式"的服务，包括在手续办理、施工许可等方面都给企业提供了便利；营商环境的不断优化，也让企业享受到了更多改革红利。为进一步优化营商环境，2021 年以来，清远市持续深化"放管服"改革，积极下放、委托一批市级行政许可事项，进一步压减项目办理时限，深化"证照分离"改革，完善事中事后监管。同时推动政务数据开放共享。基本实现群众办事高频事项跨省、跨城、跨域办理。实现政务事项"马上办、就近办、网上办、一次办"。同时，推进工程建设项目审批改革，率先上线运行广东省工程建设项目"一网通办"系统。各类市场主体蓬勃发展，企业开办时间压缩至 1 个工作日内，减税降费近百亿元。

营商环境是一个地方干部作风的"晴雨表"，清远多次在公开会议上明确，领导干部要强化担当、主动作为，优化发展环境，形成"人人都是、事事都是、处处都是营商环境"的工作局面。早在 2020 年 11 月，清远就成立了广清营商一体化专班工作组，并通过专题培训开阔干部的视野、打开工作思路，明确优化营商环境工作概念、工作方向、工作方法等。专班工作组内成员主要职责包括加强联系，对标先进；调查研究，找准问题；制定方案，精准实施；较真碰硬，强化督办。目的是要充分发挥"尖刀班""穿插连"的作用，促进广清营商环境一体化。2022 年上半年召开的优化营商环境工作推进会要求，各级各部门要坚持"一竿子插到底"，树牢全市"一盘棋"的思想，打通抓落实的"最后一公里"，共同推动优化营商环境各项工作落到实处。清远还印发了《清远市 2022 年加快广清营商环境一体化责任清单》，并将清单推进情况纳入 2022 年年终绩效考核。

清远强调发挥广清营商环境一体化工作专班作用，对照先进地区，聚焦企业和群众办事创业的堵点、难点、痛点，加快形成有序有效市场，推动广州营商环境"4.0"向广清特别合作区覆盖。

2020 年，清远以创新机制、再造流程、压缩时限、优化服务等为抓手，持续优化提升营商环境，有力推动经济企稳向好和高质量发展。完善优化营商环境综合改革联席会议"5＋7"制度。该制度涉及 42 个成员单位、5 大工作制度和 7 个专责小组。各专责小组分别出台工作细则，形成合力按省市要求贯彻落实优化营商环境工作任务。让制度

"长牙"的同时，进一步解放思想，对标广州优化营商环境，成功举办 2020 年广清营商环境一体化专题培训班。营商环境走访调研动作频频。基于"党媒营商环境百企行"，汇编整理一批典型案例，出版《清远市营商环境典型案例》；组织开展优化营商环境"入园进企"精准调研活动，收集整理有效问题 323 个并进行项目化推进解决，已解决 83%。加强社会信用体系建设是清远此轮营商环境改革中的一个亮点。通过开展战略合作，推进清远市社会信用体系建设；强化信用监管，多措并举推进信用联合奖惩机制建设。截至 2023 年 10 月，共对 2561 个"红名单"主体及 2618 个"黑名单"主体采取联合奖惩措施。商事制度改革进一步深化，企业准入退出驶入"快车道"。全面压减办理时间，2023 年 8 月实现企业开办 1 个工作日内完成。推进简易注销登记改革，解决企业"退出难"等问题，多措并举进一步优化全市商事主体住所（经营场所）登记管理。受新冠疫情影响，清远市场主体仍保持了较好的增长态势。2020 年 1～10 月，全市新增各类市场主体 40344 户，其中企业 7842 户、个体工商户 32247 户，同比分别增长 16.3%、5.7% 和 19.6%。

第三章

清远市现代制造业体系构建

本章回顾了现代制造业体系构建的相关文献，并基于清远市过去十二年的数据进行了详细分析。通过文献回顾，揭示了现代制造业体系构建的理论基础和实践经验，为后续的体系构建提供了有力支持。接下来，将重点介绍本章的主要内容和所做的贡献。

首先，在文献回顾部分，对于现代制造业体系构建的理论框架进行了深入剖析。通过梳理国内外相关文献，明确了实体经济、科技创新、现代金融、人力资本等四个关键要素在现代制造业中的地位和作用。文献回顾的深入，为后续清远市现代制造业体系构建提供了理论指导和方法论支持。

其次，基于清远市与广东省过去十二年的数据，对清远市现代制造业的现状进行了详尽分析。这着眼于实证研究，通过统计数据、产业报告等多方面的信息，全面了解清远市制造业的发展状况，识别存在的问题和亮点。通过对产业结构、技术水平、金融支持和人才储备等方面的数据分析，揭示了清远市现代制造业的整体面貌。

在体系构建方面，清远市现代制造业体系被划分为四个关键部分，即实体经济、科技创新、现代金融、人力资本。该构建不仅符合现代制造业的发展趋势，也具有清晰的逻辑和内在的相互关系。实体经济是基础，科技创新是动力，现代金融是支撑，人力资本是灵魂。这四个方面相互交织，共同构成清远市现代制造业体系的坚实基础。

在实体经济方面，提出了产业升级和优化的策略，通过引进先进技术和管理理念，推动企业的创新和提质增效。在科技创新方面，强调了与高校、研究机构的合作，以及数字化、智能化技术的应用。现代金融部分可能涉及建设健全的金融体系，为企业提供多元化的融资支持。在人力资本方面，强调了人才培养和引进，以及为员工提供职业发展的机会。

通过对清远市现代制造业体系的回顾、理论构建和实证分析，本章为清远市未来制造业的发展提供了有力的指导和支持。这一体系构建的理由明确，结构合理，为清远市制造业的可持续发展奠定了坚实的基础。

第一节　构建现代制造业体系的研究综述

评价体系指标的选取应遵循系统合理性、独立可比性、功能性原则。目前关于地区的现代产业体系评价及指标构建的相关文献相对较少，对不同地区间的现代产业体系的发展水平，或缺乏深度探讨，或缺乏横向的比较研究。倪鹏飞、张天、赵峥等（2009）对北京及东三区产业体系选择进行实证研究，为城市现代产业体系的选择提供了一种参考。张冀新（2009）基于对城市群现代产业体系内涵、基本特征及三维模型的原理，融合、集聚扩散、三力平衡机理的理解，设计了城市群现代产业体系的评价指标体系，该体系由协调度、集聚度、竞争度3类共24个指标构成；2012年，张冀新进一步完善了指标体系，构建了由11个二级指标、28个三级指标组成的城市群现代产业体系的评价指标体系，并计算出珠三角、长三角、京津冀三大城市群2010年现代产业体系发展指数。周伟（2013）根据科学性与系统性、操作性与可比性原则，构建了包括协调度、集聚度和竞争度3个维度、9个一级指标、25个二级指标的首都现代产业体系评价指标体系。吴玉珊（2015）采用主成分分析法，分析并探讨了泉州市现代产业体系发展水平及与其他地区的差异。陈展图（2015）从现代产业体系的特征入手，根据科学性、系统性、可比性、可操作性和广泛性原则，构建了包括集聚度、协调度、创新度、融合度、开放度、支撑度、生态度等 7 个维度 27 个具体省会城市现代产业体系评价指标体系。黄浩森和杨会改（2016）在国际竞争力的理论基础上，对区域现代产业体系国际竞争力形成机理进行分析，构建起了现代产业体系国际竞争力评价理论模型和指标体系，该指标体系包含现实竞争力、创新竞争力和潜在竞争力 3 个系统层 15 个指标层。

对比党的十九大报告中现代产业体系的内涵和要求，现有研究文献主要从传统产业体系分工的角度分析三大产业要素的支撑作用，现代金融、人力资源等对实体经济发展进程的影响显然还没有得到充分考虑。刘兵、王安（2020）根据党的十九大报告对现代产业体系的要求，从经济、科技创新、现代金融、人力资源等四个方面全面论述了数据指标的简单性、通用性和可用性，创建现代产业体系四维评价模型。陆新海等（2019）基于实体经济、科技创新、现代金融、人力资源四个维度共同制定综合评价指标体系。借助因子分析和组合合作评价模型，对我国八大地区实体经济和科技发展状况进行评价。衡量创新、现代金融和人力资源合作的发展水平。党的十九大报告把工业体系作为现代经济体系的重要组成部分，对现代工业体系发展提出新的内涵新的要求，强调实体经济是最重要的创新，是发展的第一动力，同时提出金融是现代经济的核心和血液，人力资源是第一发展资源。

以上文献综述表明对地区现代产业体系评价及指标构建的研究已经有了一些积极的探索。研究者们在选择评价体系指标时遵循了系统合理性、独立可比性、功能性等原则，这有助于确保评价体系的科学性和实用性。然而，需要注意的是，目前的研究还存在一些局限性。首先，文献中提到相关研究相对较少，对于不同地区间现代产业体系的深度比较仍然有待进一步拓展。其次，一些研究在选择指标时的权衡和权重分配可能存在主观性，需要更多的实证研究来验证指标体系的科学性和可行性。因此，当前的研究为地区现代产业体系评价提供了一定的理论基础和实证支持，但仍有待深化和完善，以更好地满足不同地区经济发展的需求。

第二节　清远市现代制造业体系构建

结合前人相关研究与"十四五"规划发展要求，本指标以评价体系圆形模型为基础，各维度间注重联系，各指标间具有较高相关性，因此指标间的总体选取体现了系统合理性原则。基于评价体系循环模型，重点关注各维度之间的关系，力求逻辑清晰、层次清晰，建立科学合理的评价体系，选取的指标不仅可以在技术层面进行横向比较，同时可以对各个区域发展差异进行纵向比较，判断同一区域的动态变化。其功能原理体现在需要基于指标的数据采集。在选择指标时，不仅遵循理论逻辑，同时还考虑信息和处理功能的可用性。另外，为保证进一步研究的便利，评价体系中选取的指标均为正向。最终本书共从实体经济、科技创新、现代金融、人力资本4个维度出发，共选取了12个二级指标与30个三级指标，各具体指标及对应维度如下表3-1所示。

表 3-1　　　　　　　　　清远市现代制造业产业体系构建

维度	二级指标	三级指标	定义	数据来源
实体经济	产值	产值规模	地区生产总值（万元）	中国城市统计年鉴
		产业结构高级化指数	第三产业与第二产业产值之比（%）	中国城市统计年鉴
	投资	投资规模	固定资产投资总额（万元）	中国城市统计年鉴
		投资占比	固定资产投资总额占 GDP 比重（%）	中国城市统计年鉴
	就业	就业规模	从业人员年平均人数（万人）	中国城市统计年鉴
		就业占比	从业人员年平均人数占年末总人口数比重（%）	中国城市统计年鉴

续表

维度	二级指标	三级指标	定义	数据来源
科技创新	人力投入	R&D 人员	R&D 人员数（人）	中国城市统计年鉴
	资本投入	R&D 规模	R&D 内部经费支出（万元）	中国城市统计年鉴
		R&D 投入强度	R&D 经费支出占 GDP 比重（%）	中国城市统计年鉴
	创新产出	专利授权	专利授权数（件）	中国城市统计年鉴
		发明专利占比	发明专利授权数占专利授权数比（%）	中国城市统计年鉴
现代金融	市场规模	人均存款	人均存款（元/人）	中国城市统计年鉴
		金融相关率	金融机构存贷款余额占 GDP 比重（%）	中国城市统计年鉴
		金融机构存贷比	金融机构贷款余额与存款余额之比	中国城市统计年鉴
	市场深度	保险深度	保险业承保额占 GDP 比重（%）	中国城市统计年鉴
		保险密度	人均保险承保额收入（元/人）	中国城市统计年鉴
		金融从业人员占比	金融从业人员占就业人员比重（%）	中国城市统计年鉴
	市场潜力	人均 GDP	人均 GDP（元/人）	中国城市统计年鉴
		外贸依存度	进出口总额占 GDP 比重（%）	中国城市统计年鉴
		实际使用外资金额占 GDP 比重	当年实际使用外资金额占 GDP 比重（%）	中国城市统计年鉴
人力资本	基础水平	人口自然增长率	人口自然增长率（‰）	中国城市统计年鉴
		人口密度	常住人口密度（人/平方公里）	中国城市统计年鉴
	教育水平	教育支出占一般公共预算比重	教育支出占一般公共预算支出比重（%）	中国城市统计年鉴
		教育工作人员占比	从事教育工作人员占就业人员比重（%）	中国城市统计年鉴
		教育支出占比	教育支出占 GDP 比重（%）	中国城市统计年鉴
		普通高等学校在校生占比	普通高等学校在校生占总人口比重（%）	中国城市统计年鉴

维度	二级指标	三级指标	定义	数据来源
人力资本	经验水平	专业技术人员占比	专业技术人员占总人口比重（%）	中国城市统计年鉴
		万人发明专利申请数	每万人发明专利申请数（件）	国家知识产权局
		万人拥有发明专利授权数	每万人拥有发明专利授权数（件）	中国城市统计年鉴
		全员劳动生产率	GDP 与从业人员年平均人数之比	中国城市统计年鉴

（一）实体经济

产值、投资、就业是清远市经济健康的关键指标。产值可细分为产值规模与产业结构高级化指数，前者体现经济总量，后者用于衡量产业结构现代性；投资可细分为投资规模与投资占比，前者直接影响发展潜力，后者关乎拉动效应；就业可分为就业规模与就业占比，前者反映社会活力，后者揭示就业状况。

1. 产值：产值规模与产业结构高级化指数

产值规模是衡量清远市经济总量的重要指标。其依据是地区生产总值（GDP）。GDP 直接反映了清远市在一定时期内所创造的价值。随着产值规模的增加，清远市的整体经济实力也相应增强。产值规模的评估可以从多个维度进行，包括总量、年均增长率等。首先，清远市 GDP 的绝对数值体现了其整体经济规模。其增长与否，以及增速如何，都是评估清远市产值规模的重要因素。通过比较不同时间段的 GDP 数据，可以清晰地看到清远市经济的发展趋势。其次，年均增长率是一个重要的评估角度。通过计算一定时期内 GDP 的年均增长率，可以更好地了解清远市的经济增长速度。高增长率表明经济活力强劲，会吸引更多的投资和资源，从而推动了产值的快速增加。

产业结构高级化指数是衡量产业结构现代化水平的指标。其依据是第三产业与第二产业产值之比。产业结构的高级化体现了一个地区经济结构的优化与升级。此指标的评估需要关注第三产业的占比，以及其与第二产业的相对比重。高级化指数较高说明清远市的产业结构更加现代化，更加依赖高附加值、技术密集型的行业。这有助于提高经济的稳定性和可持续性。相反，较低的高级化指数表明清远市的产业结构相对传统，存在产业升级的空间。

2. 投资：投资规模与投资占比

投资规模是一个反映清远市经济活力和未来发展潜力的关键指标。其依据是固定资产投资总额。固定资产投资总额的增加通常与基础设施建设、科技创新等方面的投资密切相关。投资规模的评估需要考察其绝对数值以及占比。首先，固定资产投资总额的绝对数值直接反映了清远市在一定时期内的总体投资水平。通过对比不同年份的数据，可以了解投资规模的增长趋势。其次，投资占比则能更好地揭示投资对经济总体的贡献程度。如果投资占比较高，说明投资对 GDP 的拉动效应较大，经济增长更为持续。相反，低投资占比需要关注投资的效益和质量，以确保投资真正促进了经济的健康发展。

投资占比是固定资产投资总额占 GDP 的比重。此比重的变化可以反映清远市经济结构的变化，以及投资对经济增长的贡献程度。高投资占比表明清远市依赖于投资拉动经济增长，而低投资占比意味着经济增长更多地依赖于其他因素，如消费和出口。

3. 就业：就业规模与就业占比

就业规模是评估清远市社会经济发展的重要指标。其依据是从业人员年平均人数。就业规模的增加意味着更多的人口参与经济活动，贡献了社会的生产力。就业规模的评估需要综合考虑总量和增速。高就业规模通常是社会经济繁荣的表现，但同时需要关注就业质量，确保就业能够提供稳定的收入和良好的工作环境。

就业占比是从业人员年平均人数占年末总人口数的比重。此比重的变化可以反映就业在总人口中的重要性。高就业占比表明清远市有较高的就业率，人口就业状况较好。就业占比的评估还需要结合不同行业的就业占比，以了解清远市的产业结构是否能够提供足够的就业机会。如果某些行业的就业占比过低，需要关注这些行业的发展，以促进更多就业机会的产生。

（二）科技创新

科技创新是现代社会发展的驱动力之一，而衡量科技创新的标准不仅仅限于研发投入，还需考虑创新的产出。为了全面评估一个地区的科技创新水平，我们构建了一个二级指标体系，细化到人力投入、资本投入和创新产出三个方面。其中，人力投入具体表现为研发人员，资本投入具体表现为研发规模与研发投入强度，创新产出具体表现为专利授权与发明专利占比。该指标体系的设计旨在深入了解一个地区在科技创新方面的全貌，为决策者提供科学的数据支持。

1. 人力投入：研发人员

研发人员数是科技创新过程中最为基础的人力资源投入指标。这一指标的选择基于对科技创新活动中人才需求的认识。在当今高度技术化的社会，拥有高素质的研发人员是保障科技创新成功的基石。因此，我们选择研发人员数作为二级指标，以便更全面地了解一个地区的人力投入水平。

中国城市统计年鉴提供了详细的研发人员数的数据，这为我们的研究提供了充足的数据支持。通过深入分析这些数据，可以追踪不同地区研发人员数的变化趋势，进一步探讨人才结构的特点，为政府和企业提供优化人才培养和引进策略的依据。

2. 资本投入：研发规模与研发投入强度

资本投入是推动科技创新的另一个关键因素。研发规模作为衡量资本投入的一个指标，可以反映一个地区对科技创新的实质性财政支持。通过中国城市统计年鉴提供的研发内部经费支出数据，我们能够深入了解各地区在研发方面的财政规模。这一指标的选取是基于对科技创新活动资金需求的理解。在科技创新活动中，充足的经费支持是确保研发人员进行高效研究的前提。因此，研发规模的增加会直接促进科技创新的发展。通过对这一指标的细致分析，我们可以识别出哪些地区在资金支持上相对较强，也为未来的科技创新提供了参考。

除了纯粹的经费投入外，我们还选取了研发投入强度作为另一个资本投入的二级指标。这一比例能够更全面地反映一个地区的研发投入强度，即在整个经济规模中，有多少比例用于科技创新。该指标的选择基于对研发投入与经济整体发展关系的考虑。一个地区如果愿意投入更多的经费用于研发，更有实现科技创新。通过对这一比例的分析，我们可以看到不同地区在整体经济状况下对科技创新的重视程度，为政府在资金分配上进行更有针对性的决策提供支持。

3. 创新产出：专利授权与发明专利占比

科技创新的最终目的是取得具有实际应用价值的创新成果，而专利是这一成果的重要表现形式。因此，我们选取了专利授权数作为创新产出的二级指标。通过统计专利授权数，我们可以直观地了解一个地区创新产出的数量。中国城市统计年鉴提供了专利授权数的详细数据，这为我们提供了深入分析的基础。通过比较不同地区的专利授权数，我们可以揭示出哪些地区在创新产出方面相对较强，未来如何成为科技创新的引领者。

专利授权数是一个重要的创新产出指标，其中包含的发明专利也能够体现一个地区的创新核心能力。因此，我们还选取了发明专利占比作为创新产出的三级指标。这一比例的选择是基于对不同类型专利在创新价值上的理解。发明专利通常代表了更高水平的创新，因此其在专利授权总数中的占比可以更全面地反映一个地区的技术深度和创新水平。通过深入分析这一比例，我们可以了解哪些地区在核心技术领域的创新能力更为突出，也为未来科技发展方向提供重要参考。

（三）现代金融体系

现代金融体系是一个国家经济的支撑和推动力量，其健康发展对整体经济有着深远的影响。为了全面了解一个国家或地区的金融体系状况，我们构建了一个包含市场规模、市场深度和市场潜力三个方面的指标体系。每个方面又分为若干关键指标，这些指标涵盖了金融体系的各个层面，从而为深入研究提供了详实的数据支持。

1. 市场规模：金融相关率、金融机构存贷款余额占 GDP 比重、金融机构存贷比

市场规模的衡量不仅要关注金融机构的数量，更需要考虑金融活动在整个经济中的关联程度。金融相关率作为一个关键指标，能够反映金融活动对实体经济的渗透程度。该指标的选取基于对金融体系功能的全面认知，包括资金的流通、融资、投资等多个方面。通过对金融相关率的深入分析，我们可以识别出金融体系对整个经济的支持力度，进而为政府制定金融政策提供科学依据。

市场规模的另一个重要维度是金融机构的存贷款规模。这一指标选取了金融机构存贷款余额占 GDP 比重，旨在从宏观层面了解金融机构在整个经济体系中的贡献程度。通过深入分析这一比重的变化，我们可以揭示出金融机构在不同时间段对实体经济的资金支持程度，为监管机构和政府决策提供参考。

金融机构存贷比是市场规模评估的又一关键角度。这一指标选取了

金融机构贷款余额与存款余额之比，以探讨金融机构在经济体系中的资金调剂情况。通过深入研究这一比值的波动，我们可以了解不同时间段内金融机构的贷款策略，为银行业的风险管理和资金调度提供支持。

2. 市场深度：保险深度、保险密度、金融从业人员占比

市场深度是指金融市场发展的纵深程度，而保险业是现代金融体系的重要组成部分之一。保险深度作为市场深度的关键指标，选取了保险业承保额占 GDP 比重。这一比重的变化能够反映出保险业对整体经济的支持程度，为保险监管和业务拓展提供依据。

保险密度作为市场深度的另一个关键指标，选取了人均保险承保额收入。这一指标关注了每个人在保险方面的实际获益，从而更为直观地反映了保险业的普及程度。通过深入分析保险密度的变化，我们可以了解不同地区或国家保险业在人民群众中的影响力，为保险公司的市场定位提供参考。

金融从业人员占比是另一个重要的市场深度指标。这一指标选取了金融从业人员占就业人员比重，通过分析这一比重的波动，可以了解金融行业在整体就业市场中的份额，这不仅关乎金融业的就业贡献，更能反映金融业对国家或地区人才吸引和培养的影响。

3. 市场潜力：人均 GDP、外贸依存度、实际使用外资金额占 GDP 比重

市场潜力的第一个关键指标是人均 GDP。人均 GDP 作为一个国家或地区经济水平的基本反映，直接关系到人们的生活水平和购买力。通过深入分析人均 GDP 的变化，我们可以了解一个地区经济的整体趋势，为金融机构提供客户群体的基础信息。

市场潜力的第二个关键指标是外贸依存度。这一指标选取了进出口总额占 GDP 比重，通过分析外贸依存度的波动，我们可以了解一个国家或地区经济对外贸的依赖程度。这关系到金融机构在全球化背景下的风险防范和国际业务拓展。

市场潜力的第三个关键指标是实际使用外资金额占 GDP 比重。这一指标选取了当年实际使用外资金额占 GDP 比重，通过这一比重的分析，我们可以了解一个国家或地区对外资的吸引力和利用程度。这关乎金融市场对外资流动的透明度和便利程度，为政府制定开放政策和吸引外资提供了重要信息。

（四）人力资本

在全球化和科技进步的时代，人力资本成为国家竞争力和可持续发展的关键因素。人力资本的基础水平、教育水平和经验水平是构建一个国家未来的重要组成部分。通过深入分析人口自然增长率、人口密度、教育水平以及经验水平等关键指标，我们可以更全面地了解一个国家的人力资本状况，为未来的政策制定提供有力支持。

1. 基础水平：人口自然增长率、人口密度

人口自然增长率是一个国家或地区人口动态的重要指标。这一指标包含了出生率和死亡率的信息，直接影响着人口结构的变化。较高的人口自然增长率通常意味着年轻的人口结构，这会为劳动力市场和经济发展提供巨大的机会。

人口密度是指单位面积上的人口数量，它反映了人口在空间上的分布情况。常住人口密度更进一步衡量了一个地区人口的集聚程度。高人口密度通常伴随着更活跃的社会和经济活动，但也带来资源分配和环境压力。

2. 教育水平：教育支出占一般公共预算支出比重、从事教育工作人员占就业人员的比重、教育支出占 GDP 的比重、普通高等学校在校生占总人口的比重

教育支出占一般公共预算支出的比重直接反映了政府对于教育的投

入程度。较高的比重通常表明政府高度重视教育，认为其是培养人力资本的有效途径。这一指标将教育支出与总体公共支出相比较，为我们提供了更广泛的财政背景。较高的比重也暗示了一个国家对于提高教育水平的承诺。

从事教育工作人员占就业人员的比重是一个国家教育行业规模的关键指标。高比例表明对于培养和教育的需求较大，也反映了一个国家对于知识传承的承诺。

教育支出占 GDP 的比重是一个国家在整体经济中对于教育的贡献程度。较高的比重通常与更高的人力资本水平和创新能力相关联。

普通高等学校在校生占总人口的比重直接关系到一个国家高等教育的普及程度。较高的比重意味着更多人能够接受高等教育，提高整体人力资本的素质。

3. 经验水平：专业技术人员占比、万人发明专利申请数、万人拥有发明专利授权数、全员劳动生产率

专业技术人员占总人口的比重反映了一个国家高技能劳动力的水平。这是一个关键指标，直接关系到一个国家的科技创新和产业升级能力。

每万人发明专利申请数是衡量一个国家创新活跃度的关键指标。较高的数字表明一个国家在科技领域有更多的创新活动，有助于提高整体经济竞争力。

每万人拥有发明专利授权数是创新成果得到认可和保护的指标。这一数字反映了一个国家的创新水平，对于激励创新活动和保护知识产权至关重要。

全员劳动生产率是一个国家整体经济效率和竞争力的关键指标。它表示单位 GDP 所需的平均从业人员数量，直接关系到一个国家的劳动力质量和经济效益。

第三节 数据来源及处理

（一）数据来源

《中国城市统计年鉴》和国家知识产权局，都为研究现代产业体系提供了重要的数据支持，涵盖了产业发展、知识产权情况等多个方面的指标，为产业发展和创新提供了有力的数据支撑。

1.《中国城市统计年鉴》

《中国城市统计年鉴》是详细记录了各个城市社会经济发展情况的年度报告。从产业结构、经济发展水平、人口状况等多个维度收集并发布数据，为分析和评估现代产业体系提供了丰富的信息。

产业结构指标：通过《中国城市统计年鉴》，可以获取不同城市的产业结构数据，包括第一产业、第二产业和第三产业的比重和变化趋势。这些数据对于了解不同城市的产业布局和转型升级具有重要意义，为产业结构调整和升级提供了参考依据。

经济发展水平指标：该指标包含了城市经济发展的各项指标，如城市生产总值（GDP）、固定资产投资、工业增加值等。这些数据能够揭示不同城市的经济活力和发展速度，为评估城市产业竞争力提供了参考依据。

人口状况指标：了解城市人口规模、人口结构、流动情况等数据，有助于分析城市消费潜力和劳动力资源配置，为产业发展和市场定位提供参考。

2. 国家知识产权局

国家知识产权局负责统筹全国知识产权工作，发布了大量关于专利、商标、版权等方面的数据和报告，为现代产业体系的创新能力和知识产权保护提供了重要信息。

专利数据指标：国家知识产权局发布了全国各类专利申请、授权和使用情况的数据。这些数据能够反映不同行业和企业的创新能力和技术水平，为评估产业创新发展提供了重要依据。

商标数据指标：了解商标注册和使用情况，可以揭示不同行业和品牌的竞争态势和市场地位。这些数据对于企业品牌建设和市场拓展具有指导意义。

版权数据指标：追踪版权登记和保护情况，有助于了解文化创意产业的发展状况和知识产权保护程度，为文化产业和创意产业的发展提供支持。

《中国城市统计年鉴》和国家知识产权局作为两个重要的数据来源，提供了广泛而深入的数据支持，对于现代产业体系的研究和评估具有重要意义。这些数据不仅提供了产业结构、经济发展、人口状况等多方面的指标，还为产业创新和知识产权保护提供了关键信息，为企业、政府和研究机构制定相关政策和战略提供了重要参考依据。

（二）数据处理

为了全面了解和评估清远市现代制造业的发展状况，构建合理有效的制造业体系指标是至关重要的。在此过程中，数据处理作为数据分析的关键一步，其质量直接影响后续分析的可靠性和准确性。本书将以清远市现代制造业体系指标构建为核心，对数据处理这一步骤进行详细论述，包括数据质量检测、异常值处理、缺失值处理等方面。

1. 数据质量检测

清远市现代制造业体系指标的构建需要通过收集相关数据，涉及政府机构、企业报告、统计局等多个渠道，收集数据后，需要对数据的格式、字段定义、数据类型等进行检查，以确保数据的一致性和完整性。

$$误差 = \frac{实际值 - 观测值}{实际值} \times 100\% \qquad (3-1)$$

在数据收集过程中，存在重复记录，这是因为多个渠道提供相同信息或数据采集过程中的重复。通过识别并删除重复数据，可以避免在后续分析中引入不必要的偏差，确保数据的唯一性。

2. 异常值处理

异常值对制造业体系指标的准确性和可靠性产生负面影响。采用统计学方法，如箱线图、Z分数法等，可以有效地检测到数据中的异常值。在清远市现代制造业体系中，异常值的存在反映了某些问题，如生产故障、数据记录错误等。

对于检测到的异常值。有时可以选择删除异常值，但在制造业数据中，异常值包含重要信息，需要仔细分析异常值的来源。修正异常值或者通过插值等方法进行填充，以保留有用的信息并提高数据的可解释性。为减小对数据的人为干预并增强对异常值的解释性，在观测到已有数据中异常值较少的情况下，我们采取了人工修正法，对于显著大于常值的数据我们以其上界值作为代替，对于显著小于常值的数据我们以其下界值作为代替。

$$上界 = Q3 + 1.5 \times IQR \qquad (3-2)$$
$$下界 = Q1 - 1.5 \times IQR \qquad (3-3)$$

其中，$Q1$ 和 $Q3$ 分别为数据的第一四分位数和第三四分位数，IQR 为四分位距。

3. 缺失值处理

缺失值是数据清洗中常见的问题，对于现代制造业体系指标的构建来说，缺失值导致数据分析的不准确和不完整。在清远市制造业数据中，存在由于报告不全、遗漏或其他原因导致的缺失值。

处理缺失值的方法包括删除缺失值、插值法、均值/中位数填充等。在清远市现代制造业体系指标的构建中，为减小缺失值对数据总体观测的影响程度，我们采取均值填补法对缺失值进行填充，在补充数据的情况下，最小程度干预数据原始数据状况。

（三）数据转换

在实际研究中，不同的变量由于单位不同，数值差异极大，例如100克和1米等，这导致同一维度的不同指标因数值差异而无法比较，从而影响后续研究开展。因此有时需要对数据进行去量纲，所谓的去量纲就是"去掉"单位对数值的影响。在清远市现代制造业体系构建中，为进一步加强不同指标间的可比性，使得指标体系构建更加合理，本书在该部分对数据进行了归一化的去量纲操作。

数据归一化在数据处理中扮演着至关重要的角色。它是一种无量纲化的方法，用于消除不同指标之间由于量纲或数量级差异所导致的影响，使得各指标处于可比较的状态。在数据处理过程中，根据指标的走向对系统的影响，采用不同的归一化方法能够更准确地反映数据特征和系统变化。

在数据处理中，不同指标具有不同的度量单位或数值范围，这导致某些指标在分析时具有较大权重，影响对系统整体的理解和评估。因此，数据归一化的主要目的是消除这些量纲和数量级的影响，使得各个指标处于同等的重要性和影响范围内。

假设有一个数据集，表示为，其中 X_{ijt} 表示第 i 个样本的第 j 个指标在第 t 年份的实际值。数据归一化的具体步骤如下：

计算极大值和极小值：对每个指标 j，计算其在所有样本年份中的极大值和极小值。

根据指标走向选择方法：若指标（j）对系统发展是正相关的，则采用正向指标无量纲处理方法 $X_{new} = \dfrac{X - X_{max}}{X_{max} - X_{min}}$；若指标（$j$）对系统发展是负相关的，则采用逆向指标无量纲处理方法 $X_{new} = \dfrac{X_{max} - X}{X_{max} - X_{min}}$。由于搜集的已有数据均与系统呈正相关，故采取正向指标无量纲处理方式。

数据归一化结果：经过无量纲处理后得到 j 指标列向量 $X^* = \left[x_{ijt}^* \right]_{m \times n \times t}$，其中 X^* 表示经过归一化处理后的值。

第四章

清远市现代制造业体系的发展情况

第一节　实体经济稳中向好

（一）产值逐年增长

2008~2019 年清远地区生产总值（万元）的描述性统计结果显示了这一地区的经济生产情况。这些统计数据提供了对该地区现代制造业体系发展情况的一定洞察。清远市的生产总值（产值规模）范围广泛，从最小值 7466166 万元到最大值约 1700 亿元，平均年增长速度为 2037180.5 万元/年，增速稳定，波动较小（见图 4-1）。

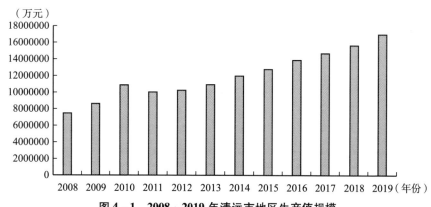

图 4-1　2008~2019 年清远市地区生产值规模

· 065 ·

清远市的企业普遍呈现中小型特征，较缺少大型跨国公司或国内领军企业。这导致产业链的延伸能力不足，技术创新水平相对有限。大规模企业通常能够带动更多的创新，提升整体产业水平，但在清远市，这一特点相对欠缺。尽管清远市的产业多元化，但产值规模相对较小，导致地方经济整体竞争力不足，难以在全球经济市场中脱颖而出。产值规模的不足一定程度上反映了生产效率低和市场占有率不足等问题。清远市的产业就业规模相对有限，限制了居民的收入水平提高。此外，有限的就业机会也导致人才流失，造成人才的外流问题（见图4-2）。

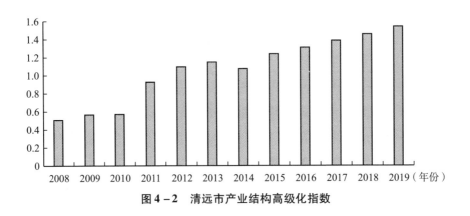

图4-2　清远市产业结构高级化指数

总体而言，从生产总值的统计描述中，清远地区的现代制造业体系似乎具有一定的多样性和波动性。其中一部分产值集中在较小的数额上，但也有部分产值较大，这代表了该地区在现代制造业方面的不同行业或企业的发展水平和差异性。

由表4-1可知，对比清远市和广东省其他地区的生产总值数据，我们可以观察到这些地区在经济规模和分布上的一些显著差异。以下是对这些地区数据的详细比较。

清远市产值平均约为1203亿元，而广东省的平均值为3374亿元，表明广东省的平均经济规模更大。广东省的标准差（4.80E+07）远远高于清远市的标准差（2.87E + 06），这说明广东省的生产总值更为分散，存在更大的差异性。在广东省，百分位数的增长速度更快，特别是在75%、90%、95%和99%的位置。这表明广东省存在一些经济龙头企业或者高产值行业，拉动了整体经济规模的增长。

表4 -1　　　　　　　　　　广东省地区生产总值　　　　　　单位：万元

占比（%）	百分位数	最小值		
1	3502293	3198566		
5	4813671	3445051		
10	6152596	3502293	观测数	252
25	9340800	3900405	权重和	252
50	1.57e + 07	平均数	3.37E + 07	
占比（%）	百分位数	最大值	标准差	4.80E + 07
75	3.01e + 07	2.29E + 08		
90	8.63e + 07	2.36E + 08	平方差	2.30E + 15
95	1.54e + 08	2.42E + 08	偏度	2.78224
99	2.36e + 08	2.69E + 08	峰度	10.73354

清远市的偏度为0.192919，接近正态分布，而广东省的偏度为2.78224，显示了更为明显的正偏斜，即数据分布向右倾斜。广东省的峰度（10.73354）远高于清远市的峰度（2.088782），这表明广东省的数据分布更陡峭且尖峭，存在更多的极端值。

综上所述，广东省相对于清远市具有更大的经济规模和更高的经济分散度。这反映了广东省经济更为多元化，包含了更多产业和更多高产值的企业。然而，也需要考虑到广东省作为一个省级行政区域，其经济体量较大，数据的波动和多样性更为显著。清远市相对较小，其经济规模相对较小，数据相对集中。

（二）投资规模不断扩大

对于清远市 2008～2019 年的投资情况，我们可以从投资规模和投资占比两个方面进行分析。以下是对给定数据的详细分析。

投资规模的标准差（Std. dev.）为 1580952，反映了投资规模的波动程度。投资规模的偏度（Skewness）为 0.531485，接近于 0，表示投资规模分布相对对称（见表 4－2）。

表 4－2　　　　　　　　　清远市投资规模与投资占比

投资规模				
占比（%）	百分位数	最小值		
1	4379526	4379526		
5	4379526	4860691		
10	4860691	5059662	观测数	12
25	5511566	5963469	权重和	12
50	6451648		平均数	6643466
占比（%）	百分位数	最大值	标准差	1580952
75	7466172	7201036		
90	8412402	7731308	平方差	2.50E+12
95	9.97E+06	8412402	偏度	0.531485
99	9.97E+06	9969205	峰度	2.803523
投资占比				
占比（%）	百分位数	最小值		
1	42.72575	42.72575		
5	42.72575	44.74648		
10	44.74648	45.53185	观测数	12
25	45.54411	45.55637	权重和	12
50	47.37487		平均数	58.42891

续表

投资占比				
占比（%）	百分位数	最大值	标准差	21. 86397
75	70. 70127	4. 98E + 01		
90	94. 22101	91. 61322	平方差	478. 0331
95	97. 63787	94. 22101	偏度	1. 1416
99	97. 63787	97. 63787	峰度	2. 360305

为了更深入地了解清远市产业规模相对较小的原因，我们需要进行一些细致的分析：清远市政府在引导产业发展方面存在一定的盲目性或缺乏长远规划。缺乏对未来发展趋势的深入洞察和科学的战略规划，导致了产业发展的不均衡。这制约了产业的发展和扩大规模的机会。清远市长期依赖于传统产业，缺乏对战略性新兴产业的培育和发展。产业结构相对单一阻碍了产业规模的提升。

如图4－3、图4－4所示，我们可知，清远市过往12年投资规模与投资占比均比较平稳，主要在2008～2010年几年内投资规模较大，投资占比比率较大，往后的年份则保持稳定，投资规模平稳增长，但仍小于2010～2012年，投资占比则更加平稳，多年来并没有显著增长，一直保持在相对平稳的阶段。

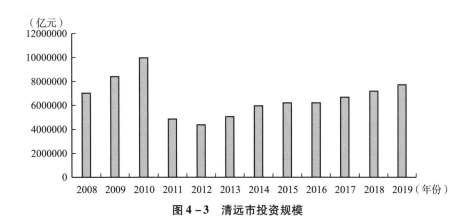

图 4 - 3 清远市投资规模

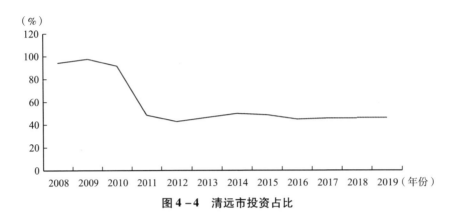

图 4-4　清远市投资占比

（三）就业形势趋好

清远市 2008～2019 年的就业情况数据显示了就业规模和就业占比的变化。这反映了清远市在过去十二年的经济发展和产业结构调整，就业占比从 5.67% 增长到 7.17%，显示了相对稳定的增长趋势。这与城市经济的扩张和就业市场的改善有关（见图 4-5）。

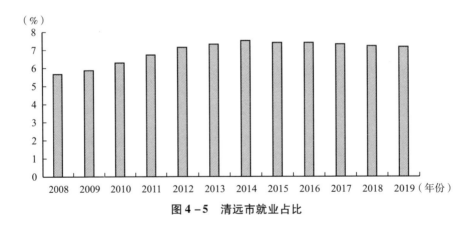

图 4-5　清远市就业占比

原因分析：经济发展，就业规模的上升与清远市的整体经济发展有关。如果市场活跃，企业增长，就业机会也会相应增加。新兴产业的兴起或者服务业的增长促使更多的就业机会。

（四）小结

在全球经济一体化的时代，清远市要实现产业规模的提升，需要全面加强自身的创新能力、拥有竞争力的产业链以及高效的产业运营。政府、企业和社会各界应该共同努力，采取综合性的措施，推动清远市产业规模的提升。

在生产产值方面，政府应该积极出台有针对性的政策，包括财政和税收激励政策，鼓励企业加大研发投入，培育新兴产业。建立健全的激励机制，对创新型企业和科研团队给予奖励，推动技术创新和产业升级。为了提高企业和从业人员的综合素质，清远市可以加强产业培训和技能提升。这包括与高校、科研机构合作，开展产学研用结合的培训计划，培养更多的高技能人才，提升整个产业的智力水平。

在投资规模方面，政府可以通过科技创新资金、技术创新平台建设等手段，鼓励企业进行技术创新和数字化转型。推动传统产业与信息技术、互联网等现代产业深度融合，提高产业附加值和竞争力。通过打造产业集聚区，政府可以促进相关产业链条的聚集，形成规模效应。这有助于提高整个产业的竞争力，吸引更多企业进驻，形成产业集群效应，推动整体产业规模的提升。

在就业方面，清远市的产业结构相对多元化，涵盖了制造业、服务业、农业等多个领域。制造业主要集中在清城区和英德市，以电子信息、机械制造等为主导；服务业则主要分布在各县区，包括金融、教育、医疗、旅游等行业。其次，受惠于珠三角经济圈的外向型经济发展，清远市吸引了大量外资企业和民营企业进驻，带动了就业机会的增加。特别是在经济开发区和工业园区，大量劳动力得以就业。此外，清远市积极推动农村转移就业，通过发展乡村旅游、农产品加工等方式，吸引农村劳动力就业，助力农民增收致富。同时，清远市注重人才培养和引进，加大对高技能人才的培养力度，吸引海内外人才来清远创业就业，促进了人才的集聚与流动。尽管就业形势整体较为乐观，但也面临着年轻人就业压力大、技能匹配度不高等问题。随着经济结构调整和产业升级，部分传统产业岗位减少，而新兴产业的发展需要更多高素质、高技能的人才。因此，清远市需要进一步加强产业结构调整、人才培养和就业政策支持，以更好地适应经济发展和社会变化的挑战。

在未来的发展中，清远市可以致力于发展绿色产业、高端制造业、文化创意产业等具有发展潜力的领域，形成多元化的产业结构。同时，注重生态环境保护，推动可持续发展，使清远市在全球经济格局中找到更加突出的位置。

第二节　科技创新不断提高

（一）人力投入稳定

如图 4-6，R&D 人员数量的统计指标表明，在这 12 个观测中，R&D 人员数量的变化非常有限。所有百分位数和中位数都为 5117，标准差为 0，表示数据分布极为集中，没有显著的变异。

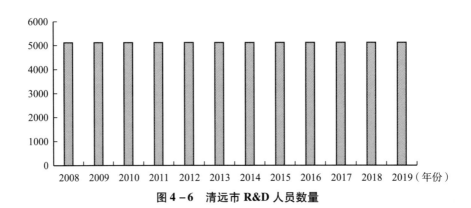

图 4-6　清远市 R&D 人员数量

（二）资本投入稳定增长

1. R&D 规模分析

中位数（50%）：70723，中位数较为稳定，说明 R&D 规模的中心趋势在整个时间段内保持一致。平均值（Mean）：76544.17，略高于中位数，受到一些较大的观测值的影响。标准差（Std. dev）：13595.32，较大的标准差表示 R&D 规模的波动性较高。变异度（Variance）：1.85E+08，数据的离散度较大。偏度（Skewness）：1.788854，右偏，说明存在一些较大的观测值。峰度（Kurtosis）：4.2，峰度较高，尾部较重。90% 分位数：105650，表明 90% 的 R&D 规模低于或等于105650，反映了较大的 R&D 规模。95% 和 99% 分位数：同样为105650，这说明极端值（高 R&D 规模）相对集中（见表4-3）。

表4-3 　　　　　　　　　　清远市 R&D 规模

占比（%）	百分位数	最小值		
1	70723	70723		
5	70723	70723		
10	70723	70723	观测数	12
25	70723	70723	权重和	12
50	70723		平均数	76544.17
占比（%）	百分位数	最大值	标准差	13595.32
75	70723	70723		
90	105650	70723	平方差	1.85E+08
95	105650	105650	偏度	1.788854
99	105650	105650	峰度	4.2

稳定性：R&D 规模在 12 年内（2008～2019 年）相对稳定，但需要

关注近些年其平均值略高于中位数的情况。波动性：高标准差和峰度表明 R&D 规模存在波动和一些极端值。需要调查这些波动的原因，以确保可持续性。

2. R&D 投入强度分析

如图 4 - 7 所示，中位数（50%）：0.657681，中位数是数据的中心值，表明 R&D 投入强度整体趋向于此水平。平均值（Mean）：0.657681，与中位数接近，说明没有明显的偏斜。标准差（Std. dev）：0.129296，较小的标准差表示 R&D 投入强度的波动性相对较低。变异度（Variance）：0.016717，低方差说明数据点较为接近均值。偏度（Skewness）：0.81518，右偏，表示有一些较大的 R&D 投入强度值。峰度（Kurtosis）：3.311992，高峰度表明尾部较重。90% 分位数：0.705092，表明 90% 的 R&D 投入强度低于或等于 0.705092，反映整体上较为稳定。95% 和 99% 分位数：分别为 0.820841 和 0.947247，说明极端值相对较分散。

图 4 - 7　清远市 R&D 投入强度

整体趋势：R&D 投入强度整体上稳定，但需要关注右偏的分布，说明存在一些较大的投入强度值。极端值：极端值相对分散，表明没有明显的异常年份。

对于 R&D 规模和投入强度的异常值，需要进一步调查其原因，确保数据的准确性和合理性。考虑分析更长时间范围内的数据，以获取更全面的趋势，有助于预测未来的发展方向。

（三）创新产出持续增长

如表 4 - 4 所示，清远市 2008 ~ 2019 年的专利授权数量和发明专利占比数据反映了该地区的创新活动和知识产权发展的一些趋势。首先，专利授权数量呈现出整体上升的趋势，从 1906 件逐渐增加到 3284 件，这表明清远市在创新和技术发展方面取得了显著的进展。然而，标准差较大的数值提示了授权数量的波动性，受到一些特殊因素的影响，例如政策变化、产业结构调整或全球经济形势。

表 4 - 4　　　　　　　清远市专利授权与发明专利占比

专利授权				
占比（%）	百分位数	最小值		
1	1906	1906		
5	1906	2156		
10	2156	2161	观测数	12
25	2161	2161	权重和	12
50	2161		平均数	2310.833
占比（%）	百分位数	最大值	标准差	411.5114
75	2180	2162		
90	3058	2198	平方差	169341.6
95	3284	3058	偏度	1.694722
99	3284	3284	峰度	4.287221

发明专利占比				
占比（％）	百分位数	最小值		
1	5.78E+00	5.77798		
5	5.78E+00	5.827937		
10	5.83E+00	5.830634	观测数	12
25	5.830634	5.830634	权重和	12
50	5.830634		平均数	6.053331
占比（％）	百分位数	最大值	标准差	0.46972
75	5.997595	5.844156		
90	6.867233	6.151035	平方差	0.220637
95	7.187828	6.87E+00	偏度	1.73392
99	7.187828	7.187828	峰度	4.319942

专利授权数量上升的原因涉及多个方面。首先，政府在过去几年加大了对创新活动的支持力度，通过出台激励政策、增加研发投入等方式，鼓励企业提高技术水平和创新能力，从而促进专利数量的增加。其次，清远市经历了产业结构的调整，某些新兴产业的崛起带动了相关领域的创新需求，推动了专利授权数量的提升。

然而，值得注意的是，专利数量的增长并不总是等同于创新质量的提高。发明专利占比的数据显示，虽然数量整体稳定，但存在一些年份的占比显著增加，这反映了某些特定时期创新质量的提高。这也与专利授权数量波动较大的情况相吻合，强调了在分析创新活动时不仅要关注数量，还要关注质量。

造成发明专利占比波动的原因包括创新氛围的提升、科研机构与企业的更紧密合作、技术水平的整体提高等。政府可以通过加强创新政策、提供更多的研发资金支持，以及鼓励产学研合作，进一步提高发明专利占比，确保创新不仅仅停留在数量的增长上，更要注重质的提升。

综合而言，清远市在2008～2019年里取得的专利授权数量和发明专利占比的数据表明了该地区在创新领域的积极探索和发展。政府、企业和研究机构可以通过更深入的合作、创新政策的优化以及对研发人才的培养等方式，进一步推动清远市未来创新能力的提升。

（四）小结

清远市 2008～2019 年的科技创新发展呈现出一系列显著的趋势和特点，通过分析专利授权数量和发明专利占比等数据，我们可以深入了解这一时期清远市在科技创新方面的表现。

首先，从专利授权数量的变化趋势来看，清远市在 2008～2019 年里呈现出整体上升的态势。从 2006 年的 1906 件逐步增加至 3284 件，这反映了该地区在科技创新方面的积极探索和努力。专利授权数量的增加是多方面因素的综合结果。政府采取了一系列支持创新的政策，例如加大对科研项目的资金投入、提供税收优惠等，这促使了企业和研究机构加大研发力度。同时，产业结构的调整也是推动专利数量增长的原因之一，新兴产业的崛起带动了相关领域的创新需求。

然而，专利数量的增长并不是唯一的衡量科技创新水平的指标。我们还需要关注发明专利占比这一指标，这反映了专利中具有创新性的比例。从数据中我们可以看到，发明专利占比虽然整体稳定，但在某些年份有所增加。这意味着在这些时期，清远市的科技创新不仅在数量上有所提升，而且在质量上也取得了一些突破。这与创新政策的不断优化、创新氛围的提升以及科研机构与企业合作的深化等因素密切相关。

值得关注的是，专利授权数量的波动性较大，这受到一些特殊因素的影响。政策的变化、全球经济形势等外部因素都对专利数量产生影响，因此在分析时需要综合考虑各种因素，以更准确地理解科技创新的发展趋势。在科技创新方面，发明专利的质量至关重要。发明专利占比的提升反映了清远市在某些领域的前沿科技研究取得了显著进展。这与科研机构加强基础研究、提高人才培养水平、鼓励跨学科合作等方面的努力密切相关。发明专利的质量提升对于推动产业升级、提高地方经济竞争力具有重要意义。

此外，科技创新还需要注重产学研合作。政府可以通过建立更加开放的创新平台、提供更多的科技合作资金支持，促进企业与研究机构之间的深度合作，将科研成果更好地转化为实际生产力。这有助于加速科技创新的转化速度，推动科技成果更好地服务于地方经济的发展。在人才培养方面，清远市还可以加强高层次人才引进和培养，提升科研团队的整体水平。政府可以制定更加灵活的人才政策，为高层次人才提供更多的福利和支持，吸引更多的科研精英加入清远市的创新团队。同时，加强本地科技人才的培养，建设更加完善的科技人才培训体系，为地方科技创新提供源源不断的人才支持。

总体而言，通过对清远市 2008～2019 年科技创新数据的分析，我们可以看到该地区在创新方面取得了显著进展，不仅在专利数量上有所增长，更在发明专利占比上表现出积极的态势。然而，科技创新是一个复杂的系统工程，需要政府、企业、科研机构等多方面的共同努力。未来，清远市可以进一步完善创新政策，加大对科研项目的资金支持，促进产学研合作，提升科技人才的培养水平，以全面推动科技创新，为地方经济的可持续发展注入更多的动力。

第三节　现代金融稳定发展

（一）市场规模不断扩大

如图 4-8 与图 4-9 所示，在 2008～2019 年这 12 年内，清远市随经济发展，人民可支配收入同步不断增加，呈现稳定上升趋势，与 2019 年达人均存款 57104.42 元，但在全广东省中各城市中人均存款排名仍然较低，相较于深圳市、广州市、珠海市等城市仍有一定差距。

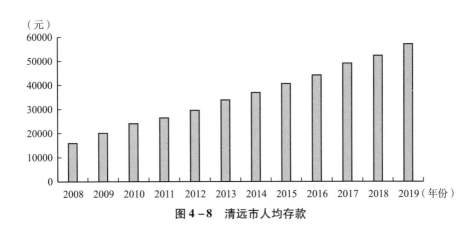

图 4 - 8　清远市人均存款

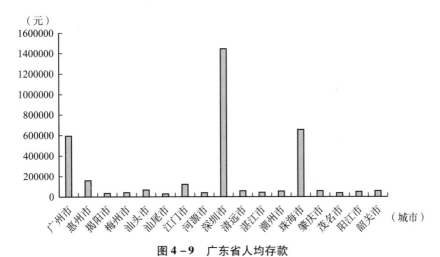

图 4 - 9　广东省人均存款

　　对于清远市 2008～2019 年的金融相关率和金融机构存贷比的数据进行综合分析可以揭示该市金融领域的发展趋势和潜在特征。这些数据可以为理解其经济形势、金融业务活动和整体市场状况提供见解。首先，金融相关率呈现出一定程度的波动，从 2008 年的较低水平逐步上升至 2019 年的最高点，其变化范围在 123.0884 到 260.3609 之间。与此同时，金融机构存贷比也经历了变化，从最低的 0.4246311 上升至 2019

年的 0.7358365。这两个指标的波动反映了市场内在的变化和金融业务的动态特征。

从金融相关率的角度来看，其在 2008～2019 年间的持续增长意味着清远市金融活动和市场发展的积极变化。该增长受多种因素影响，其中包括市场的经济增长、金融监管政策的调整和金融技术的创新。尤其是在金融技术和信息科技领域的迅速发展，推动了金融相关率的上升，因为这些技术的应用促进了金融业务的效率和创新。

如表 4-5 所示，金融相关率的大幅波动意味着市场存在一定程度的不稳定性或波动性。尽管整体趋势向上，但快速的变化也意味着市场风险的增加，这需要金融机构和监管部门加强风险管理和监控。

表 4-5　　　　　　　　清远市金融相关率与金融机构存贷比

金融相关率				
占比（%）	百分位数	最小值		
1	123. 0884	123. 0884		
5	123. 0884	139. 3126		
10	139. 3126	144. 2165	观测数	12
25	157. 0432	169. 8699	权重和	12
50	204. 6798		平均数	196. 0613
占比（%）	百分位数	最大值	标准差	44. 31156
75	228. 8049	219. 2911		
90	246. 751	238. 3187	平方差	1963. 514
95	260. 3609	246. 751	偏度	− 0. 25779
99	260. 3609	260. 3609	峰度	1. 897869
金融机构存贷比				
占比（%）	百分位数	最小值		
1	0. 4246311	4. 25E − 01		
5	0. 4246311	5. 12E − 01		
10	0. 5118907	0. 523049	观测数	12
25	0. 5344739	0. 545899	权重和	12
50	0. 6004729		平均数	0. 589384

续表

占比（%）	百分位数	最大值	标准差	0.080268
75	0.6279221	0.624322		
90	0.6661829	0.631522	平方差	0.006443
95	0.7358365	0.666183	偏度	-0.28879
99	0.7358365	0.735837	峰度	3.096025

　　金融机构存贷比的增长反映了市场对于信贷和融资需求的积极响应。然而，存贷比的大幅增长也伴随着风险，特别是与金融风险和信贷风险相关的挑战。过度放贷导致风险积聚，因此金融机构需要审慎评估和管理风险，确保稳健的贷款政策和风险控制措施。这些指标的变化与当地经济环境、政府政策、市场需求以及全球经济形势等多种因素相关。清远市作为一个经济发展较快的地区，其金融市场也受到多种因素的影响。政策制定者需要密切关注这些数据背后的因素，制定有针对性的政策以促进金融市场的健康和稳定发展。

　　总体而言，清远市 2008～2019 年金融相关率和金融机构存贷比的变化提供了对该市金融领域发展的见解。这些数据显示了金融市场的活跃程度和金融机构在支持经济增长方面的作用，但也提示了潜在的风险和挑战。因此，市场参与者和监管机构应该密切监控这些变化，并采取适当的措施来维护金融市场的稳定和可持续发展。

（二）市场深度波动增加

　　如表 4-6 所示，在 2008～2019 年间，清远市的保险深度和保险密度呈现出一定的波动和趋势。通过对这两个指标的统计分析，我们可以深入了解保险市场的发展状况，洞察潜在的影响因素以及市场未来的发展趋势。

表 4-6   **清远市保险深度、密度**

保险深度				
占比（%）	百分位数	最小值		
1	26.08836	26.08836		
5	26.08836	28.30193		
10	28.30193	30.14825	观测数	12
25	31.03496	31.92167	权重和	12
50	38.756		平均数	38.95604
占比（%）	百分位数	最大值	标准差	9.76834
75	43.69017	43.21624		
90	51.41414	44.1641	平方差	95.42048
95	59.33176	51.41414	偏度	0.627798
99	59.33176	59.33176	峰度	2.686608
保险密度				
占比（%）	百分位数	最小值		
1	9932.294	9932.294		
5	9932.294	9999.556		
10	9999.556	10136.85	观测数	12
25	10195.51	10254.17	权重和	12
50	10674.75		平均数	10540.13
占比（%）	百分位数	最大值	标准差	361.0398
75	10822.63	10809.67		
90	10916.23	10835.58	平方差	130349.7
95	10918.91	10916.23	偏度	-0.61319
99	10918.91	10918.91	峰度	1.82E+00

　　首先，保险深度是保险业承保额占 GDP 比重，其数据范围在 26.08% 到 59.33% 之间。在 2008～2019 年中，从 2008 年的最高值 59.33176% 波动下降至 2019 年的最低值 26.08836%（见图 4-10），该

趋势反映了市民对于风险保障的逐渐增加，或者是保险产品的多样化和普及度的提高。

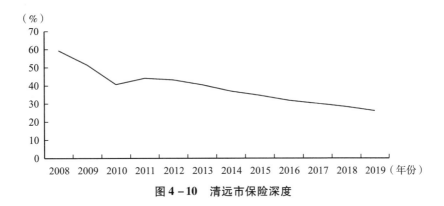

图 4 - 10　清远市保险深度

保险深度的波动受多种因素的影响，其中包括经济状况、人们的风险意识、保险产品创新等。较高的保险深度意味着市场对于风险的认知程度提高，而较低的保险深度与经济波动、市场宣传等因素有关。政府和保险机构可以通过制定相关政策和推广保险知识，进一步提升保险深度，确保市民在面对风险时有更好的保障。

其次，保险密度是指每位居民平均消费的保险金额，其数据范围在9932.294 元/人到10918.91 元/人之间（见图 4 - 11）。与保险深度相比，保险密度整体呈波动下降趋势，从 2008 年的最低值 10918.91 元/人逐渐上升至 2019 年的最高值 9932.294 元/人。这反映了市民对于购买更少、更高保额的保险产品的倾向，也与通货膨胀、生活水平提高等因素有关。

保险密度的增加受到保险产品多样性和市场竞争的推动，同时也受到社会变革和人们风险认知的影响。保险公司可以通过灵活的产品设计和更精准的市场定位，满足不同层次和需求的市民，从而促进保险密度的增长。

然而，需要注意的是保险密度的增长也伴随着一定的风险，例如过度投保或不合理的保险配置。因此，保险公司和监管部门应该密切关注市场的发展动态，确保市场的健康和可持续发展。

图 4 - 11　清远市保险密度

综上所述，清远市 2008 ~ 2019 年的保险深度和保险密度数据反映了市场的变化和发展趋势。政府、保险公司和监管部门应该共同努力，通过制定相关政策、提升市民保险意识等方式，促进保险市场的稳健增长，为市民提供更全面的风险保障，同时也要注意避免潜在的风险和不良影响。

如图 4 - 12 所示，从这组数据中可以观察到金融从业人员的占比存在波动，没有呈现出稳定的趋势。一些时间点的占比较低，而其他时间点的占比较高，显示出金融从业人员在该群体或行业中的相对波动性；不同时间点金融从业人员的占比波动反映了行业结构的变化。如果金融行业在某些时期经历了扩张或萎缩，就会影响到金融从业人员的占比；金融行业通常与经济周期关联紧密。较高的金融从业人员占比与经济繁荣时期有关，因为在此时期金融服务需求较大。反之，经济低迷时期导致金融从业人员占比下降；波动的金融从业人员占比也受到行业吸引力的影响。如果金融行业在某段时间内更具吸引力，那么相关从业人员的占比会上升；金融行业的政策环境对从业人员占比也有一定影响。政策的变化会影响金融从业人员的就业情况。

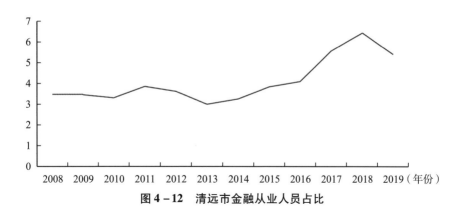

图 4 - 12　清远市金融从业人员占比

（三）市场潜力持续提升

清远市作为广东省的一个城市，在 2019 年的人均 GDP 为 38071.75 元，相较于周边城市存在一定的差距（见图 4 - 13）。这一差距受到多方面因素的影响，需要综合考虑城市的经济结构、政府政策、地理位置等方面的因素来进行深入分析。以下将从不同角度对清远市的人均 GDP 进行论述（见图 4 - 14）。

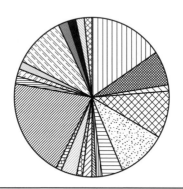

☐东莞市	▨中山市	☐云浮市	▥佛山市	☐广州市	▥惠州市	▥揭阳市
▨梅州市	▨汕头市	▨汕尾市	▨江门市	☐河源市	▨深圳市	☐清远市
▨湛江市	☐潮州市	▨珠海市	▨肇庆市	■茂名市	☐阳江市	▨韶关市

图 4 - 13　广东省人均 GDP

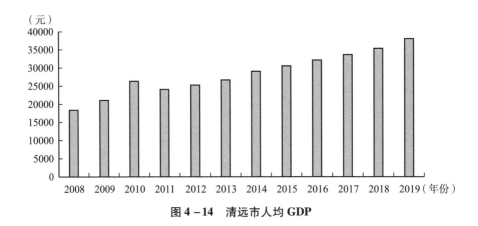

（元）

图4-14 清远市人均GDP

首先，清远市人均GDP相对较低与其经济结构有关。清远市依赖某一或某几个主导产业，如果这些产业的盈利水平不高或者市场需求不旺盛，就会直接影响到整体人均GDP。因此，需要对清远市的产业结构进行深入研究。如果发现某些产业存在增长潜力，政府可以通过引导投资和制定相关政策来推动这些产业的发展，从而提高人均GDP。

其次，政府政策对人均GDP的影响也是一个重要因素。清远市的政府是否采取了积极的经济政策，是否有助于企业的创新和发展，以及是否提供了良好的商业环境，这些都会直接关系到城市的整体经济水平。如果政府能够通过激励企业创新、提供便利的投资环境等手段，会吸引更多的资金流入，促进经济的快速增长。

地理位置也是影响清远市人均GDP的因素之一。相对于广州、深圳等沿海城市，清远地理位置相对内陆，交通相对不便利，这对城市的商业活动和外部资金流动造成一定的制约。在该情况下，政府可以通过发展物流业、提高交通基础设施水平等方式来改善城市的地理位置劣势。

此外，教育、科技等方面的因素也会影响人均GDP。如果清远市的人才储备不足，科技水平相对滞后，那么在当前知识经济时代，就难以实现经济的高质量增长。因此，政府可以通过加大对教育和科技的投入，培养更多高素质的人才，推动城市的产业升级和创新发展。

清远市的外贸依存度和实际使用外资金额占 GDP 比重是评估城市经济发展关键指标之一。这两个指标可以展现城市对外贸易的依赖程度以及吸引外资的能力。通过对这些数据进行分析，可以帮助理解清远市经济发展的特点和潜在的问题所在（见表4-7）。

表4-7 清远市外贸依存度与实际使用外资金额占 GDP 比重

外贸依存度				
占比（%）	百分位数	最小值		
1	24.51309	24.51309		
5	24.51309	26.38484		
10	26.38484	28.32784	观测数	12
25	29.16101	29.99417	权重和	12
50	36.41583		平均数	36.58644
占比（%）	百分位数	最大值	标准差	9.199309
75	41.05206	40.60675		
90	48.30966	41.49738	平方差	84.6273
95	55.74912	48.30966	偏度	0.621658
99	55.74912	55.74912	峰度	2.679174
实际使用外贸金额占 GDP 比重				
占比（%）	百分位数	最小值		
1	0.513019	0.513019		
5	0.513019	0.5209365		
10	0.5209365	0.5212736	观测数	1.20E+01
25	0.591256	0.6612384	权重和	1.20E+01
50	1.182859		平均数	1.729166
占比（%）	百分位数	最大值	标准差	1.480397
75	2.233632	1.99175		
90	4.353693	2.475514	平方差	
95	4.789092	4.353693	偏度	1.146644
99	4.789092	4.789092	峰度	2.983971

首先，观察外贸依存度，此指标描述了城市经济对外贸易的依赖程

度。在过去十几年里，清远市的外贸依存度整体呈下降趋势，从 2008 年的 55.75% 下降至 2019 年的 24.51%。该趋势意味着该城市正在尝试降低对外贸易的依赖，寻求更多内部经济增长动力。

与外贸依存度相关的另一个指标是实际使用外资金额占 GDP 比重。这一比重从 2008 年的 4.79% 下降至 2019 年的 0.52%。这表明清远市吸引外资的能力相对下降，与全球和国内经济环境变化、政策调整等因素有关。或许，清远市正在经历经济结构调整的阶段。城市在寻求减少对外部市场的依赖，着眼于提高本地经济的自给自足能力。然而，这也意味着当地市场的竞争激烈，外资吸引力下降，需要重新思考吸引外资的策略。

此外，全球经济环境的变化也对这两个指标产生影响。国际贸易政策变化、全球供应链重构等因素都影响到清远市的外贸和外资状况。该变化导致清远市的外贸依存度和吸引外资的能力受到波动和制约。为了提高外资吸引力和降低外贸依存度，需要采取一系列措施。比如，加强与国际市场的合作，寻找新的贸易机会和合作伙伴；优化投资环境，提供更多优惠政策吸引外资；加强本地产业结构的调整和优化，以提高城市经济的自主性和抗风险能力。

（四）小结

随着国家经济的快速发展和广东省政府积极推进的区域发展战略，清远市的市场规模、市场深度和市场潜力不断得到释放和提升。

首先，谈及市场规模，清远市的经济总量持续增长。市场规模的扩大主要得益于清远市多元化的产业结构和不断优化的经济布局。清远市涵盖了制造业、服务业、农业等多个领域，形成了一个庞大而多样化的市场。特别是清远市的制造业发展较为成熟，主要集中在清城区和英德市，涵盖电子、汽车、机械等多个领域。此外，清远市的服务业也在不断发展壮大，包括金融、教育、医疗、旅游等行业。这些产业的发展为清远市的市场规模提供了坚实基础。

其次，市场深度是评价一个市场活力的重要指标。清远市的市场深度不断提升，表现在保险业、金融业、房地产业等行业发展较为成熟，市场竞争激烈，客户群体广泛。清远市的保险业经过多年的发展，形成了完善的保险市场体系，各类保险产品丰富多样，为市民提供了全方位的保障。同时，清远市的金融业也在不断创新和发展，包括银行、证券、基金等多个领域，为市场提供了更多的资金支持和金融服务。此外，清远市的房地产市场也相对活跃，房地产开发商竞争激烈，楼盘项目不断涌现，为市场增添了更多的活力。

最后，市场潜力是评估一个市场未来发展空间的重要指标。清远市享有便利的交通和优越的区位优势，拥有巨大的发展潜力。随着国家政策的支持和区域经济的持续增长，清远市的市场潜力逐步释放。特别是在城市化进程加速、消费升级和产业结构优化的背景下，清远市的市场潜力更加巨大。政府出台了一系列政策措施，鼓励企业加大科技创新、提升产品质量，推动产业升级和转型升级。此外，清远市积极参与粤港澳大湾区建设，加强与周边城市的合作与交流，共同打造更加开放和包容的市场环境，促进经济共赢。

综上所述，清远市作为一个经济发展较快的城市，市场规模庞大、市场深度不断提升、市场潜力巨大。随着经济的持续发展和政策的支持，清远市的市场将继续呈现出良好的发展态势，为投资者和企业提供广阔的发展空间。

第四节 人力资本波动上升

（一）基础水平波动上升

如图 4 – 15 所示，清远市人口自然增长率与人口密度在过去不断波动上升，从 5.7% 上升至 31.09%。该剧烈的波动受到多种因素的影响，其中包括社会政策、医疗水平、经济状况等。

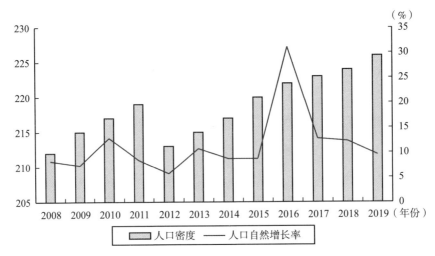

图 4-15　清远市人口自然增长率与人口密度

2016 年，中国政府允许符合条件的夫妇生育两个孩子，这一政策变化对清远市的人口增长率和人口密度产生了显著影响。一方面，这一政策的实施导致了生育率的上升，尤其是在首次生育后再生育的家庭增多，从而提高了人口自然增长率。另一方面，随着更多家庭选择生育第二个孩子，清远市的人口密度也出现了上升，尤其是在城镇区域。除了政策因素外，医疗水平的提高也可能是影响人口自然增长率的重要因素之一。随着医疗技术的进步和卫生保健水平的提高，婴儿和孕产妇的生存率可能有所提高，从而促进了人口的增长。

此外，经济状况的改变也会影响人口增长率和人口密度。经济繁荣可能会吸引更多人口迁入，从而增加人口密度；其次，人口密度是另一个值得关注的指标。清远市的人口密度相对较低，从 212 人/平方公里上升至 226 人/平方公里。与其他一些城市相比，其中，2019 年的数据显示清远市的人口密度为 226 人/平方公里。

人口自然增长率和人口密度之间的关系值得深入思考。一般来说，高人口自然增长率会导致人口密度的增加，因为更多的新生儿和家庭形成会导致城市人口的集聚。

东莞市、中山市等周边城市的人口自然增长率和人口密度相对较高，其中的差异反映了不同城市的发展模式和吸引力。例如，云浮市人口自然增长率较低，但人口密度也相对较低，这表明该地区对外来人口的吸引力相对有限。

综合而言，清远市在人口自然增长率和人口密度方面的表现具有一定的特色。在未来的城市规划和社会政策制定中，可以更加精准地考虑人口的动态变化，以实现可持续、平衡的城市发展。此外，与周边城市的比较也能够为清远市提供一些借鉴和参考，促进其在人口管理和城市建设方面的更好发展。

（二）教育水平较为稳定

清远市的教育水平在近 12 年（2008～2019 年）呈现出一些明显的趋势和特点，从教育支出、教育工作人员占比、教育支出占比以及普通高等学校在校生占比的角度来看。这些数据反映了教育领域的一系列现象，需要综合考虑政策、经济、社会等多方面因素。

首先，我们关注教育支出占一般公共预算比重这一指标。从数据中可以看出（见图 4 - 16），清远市在 2008～2019 年里，这一比重有所波动，最高达到 23.93%（2013 年），最低为 18.65%（2015 年）。该波动受到多种因素的影响，包括地方政府财政状况、教育政策的调整等。在高比重的年份，是政府对教育的强烈支持，而低比重则受到其他社会事务的竞争影响。从教育支出与预算比重来看，清远市的教育支出在一般公共预算中的比重呈现波动趋势，尽管整体趋势呈下降，但近年有所回升。这或许反映了对教育投入的不稳定性，受到经济波动和政府财政政策变化的影响。建议政府在预算规划上更具稳定性，确保教育支出不断增长，以促进教育事业的可持续发展。

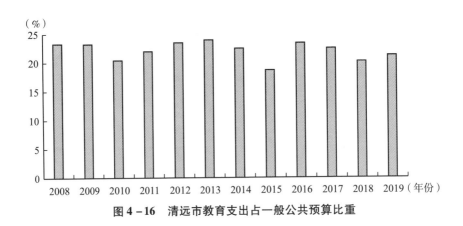

图 4-16　清远市教育支出占一般公共预算比重

其次，教育工作人员占比是评估一个地区教育体系健康的重要指标之一。清远市在这一方面的表现相对稳定，在11%到18%之间波动。然而，与其他城市相比（见图4-17），清远市的教育工作人员占比相对较高，这意味着其教育资源配置存在一定的问题，需要更好地优化教育人员的结构。教育工作人员占比相对较低，且在近年有略微增长。这暗示着教育资源的不均衡分配和师资不足的问题，对教学质量带来一定的制约。为此，建议政府加强对教育工作人员的培训和激励机制，以吸引更多优秀人才从事教育工作，提高教育水平。

教育支出占比是反映一个地区教育经费使用效益的指标。在清远市的数据中，这一比例也经历了一些波动，最高为5.12%（2016年），最低为2.38%（2010年）。教育支出占比在近年有所增加，但整体仍然相对稳定。这表明虽然教育投入有所增加，但相对于城市整体发展（见图4-18），仍显不足。政府应考虑在财政分配中更优先地考虑教育支出，以确保足够的经费用于教育领域，促进教育事业的全面发展。高占比表明投入较多的经费并取得了一定的成果，但也需要注意确保这些经费的有效利用。

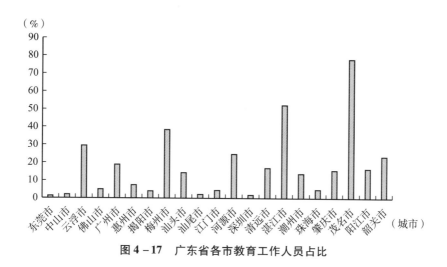

图 4－17　广东省各市教育工作人员占比

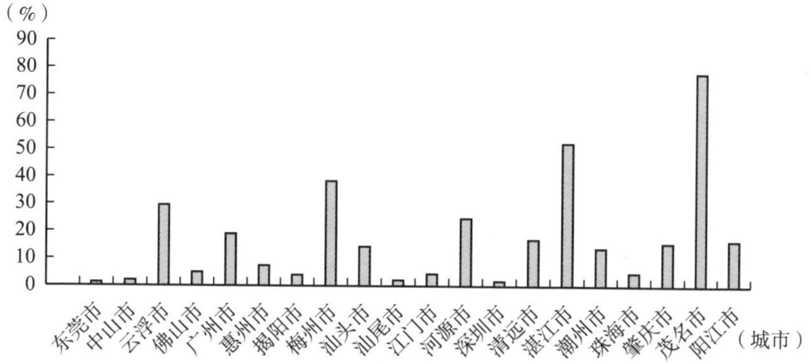

图 4－18　广东省各市教育支出占比

最后，普通高等学校在校生占比是观察城市高等教育发展的重要参考。普通高等学校在校生占比相对较低，且呈现出相对稳定的趋势。这受制于教育资源的有限和城市整体发展水平的局限。为提升教育水平，政府可以考虑增加高等教育资源投入，扩大高校规模，提高教育覆盖面和人才培养质量。清远市的数据显示，相对较低的在校生占比意味着该地区的高等教育资源相对匮乏。在今后的规划中，可以考虑增加高等教育资源的投入，以满足市民对高等教育的需求。

导致清远市教育水平相对滞后的原因有多方面的因素。首先，经济水平相对较低制约了政府对教育的投入。其次，政策导向存在对其他领域的优先考虑，导致教育资源的竞争不足。教育体制问题，如教育体制改革不够彻底、教育资源配置不均衡等，也影响了教育水平的提升。最后，地区发展不平衡导致清远市在教育方面相对滞后于其他发达城市。

综上所述，为提升清远市的教育水平，政府需要采取一系列综合性措施。首先，要保障教育支出的稳步增长，确保教育资源的充足。其次，应优化教育资源配置，提高教师队伍的质量，并加强对教育工作人员的培训和激励。此外，政府还应加大对高等教育的投入，扩大高校规模，提升人才培养水平。最后，要推动教育体制改革，完善教育管理体制，优化资源配置机制，以促进教育事业的全面发展。这需要政府、学校、家长和社会各界的共同努力，通过综合性政策和长期规划，逐步完善教育体系，实现教育公平和质量的提升。

（三）经验水平稳中向上

如图 4-19 所示，清远市在这份数据中呈现了一些特定的经济和人力资源指标。首先，让我们从专业技术人员占比方面进行分析。数据显示，近年来清远市的专业技术人员占比为 8.74439%，相对较低。这反映了清远市在高技术产业和创新领域的相对薄弱。

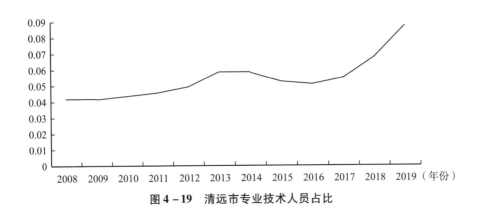

图 4-19　清远市专业技术人员占比

其次，万人发明专利申请数和万人拥有发明专利授权数也是评估创新水平的关键指标。清远市的万人发明专利申请数和万人发明专利授权数相对较低（见表4-8），分别为2.804933件/万人和0.470852件/万人。这表明清远市在科技创新和知识产权方面的投入相对有限，需要加强创新体系的建设和支持。

表4-8　　　　　清远市万人发明专利申请数与专利授权数

占比（%）	百分位数	最小值		
1	0.0468211	0.0468211		
5	0.0468211	0.0709359		
10	0.0709359	0.0991608	观测数	12
25	0.1720294	0.244898	权重和	12
50		0.391728	平均数	0.927428
占比（%）	百分位数	最大值	标准差	1.090765
75	1.592682	0.8009259		
90	2.804933	2.384439	平方差	1.189768
95	2.860045	2.804933	偏度	1.03462
99	2.860045	2.860045	峰度	2.315947
占比（%）	百分位数	最小值		
1	0.2939815	0.2939815		
5	0.2939815	0.3010681		
10	0.3010681	0.302521	观测数	12
25	0.3036295	0.304738	权重和	12
50		0.307836	平均数	0.332083
占比（%）	百分位数	最大值	标准差	0.06164
75	0.3120377	0.3105743		
90	0.4559819	0.3135011	平方差	0.0038
95	0.470852	0.4559819	偏度	1.771457
99	0.470852	0.470852	峰度	4.21E+00

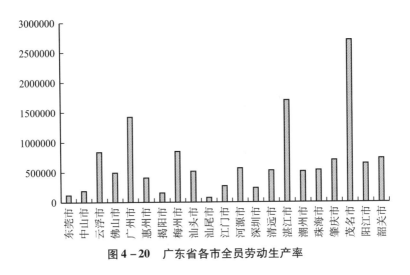

图 4 - 20　广东省各市全员劳动生产率

在与其他城市的比较中（见图 4 - 20），清远市的全员劳动生产率相对较小，但在一些关键领域的表现相对较弱。与发达城市如深圳、广州相比，清远市的专业技术人员占比和创新指标都较低，显示出发展的不均衡性。这是由于清远市在科技投入、教育培训等方面相对滞后，导致创新能力不足。

从城市的产业结构来看，清远市主要依赖传统产业，而未能充分发展新兴产业。这导致了技术水平的滞后和创新能力的不足。为了提升人力资源的使用效率和全员劳动生产率，清远市需要在技术培训、科技创新政策和产业结构调整方面加大投入。

另外，清远市还可以考虑加强与邻近发达城市的合作，借鉴其成功经验，促进技术和创新要素的流动。同时，鼓励企业增加科研投入，提高员工的技术水平，促进产业升级，加速城市的经济转型和发展。

总地来说，清远市在人力资源和经济发展方面面临一些挑战，但也有很大的发展潜力。通过加强创新体系建设、优化产业结构、加大科技投入等措施，清远市有望实现经济的可持续增长和全员劳动生产率的提升。

（四）小结

清远市作为一个发展中的城市，其人力资本基础水平、教育水平和经验水平都是影响城市可持续发展的重要因素。下面将对这三个方面进行逐一分析并总结。

首先，清远市的人力资本基础水平是指城市劳动力的素质和能力水平。在过去几年里，清远市政府和企业界都意识到了人力资本的重要性，因此大力投入教育和培训领域，致力于提高劳动者的知识水平和技能水平。通过加强职业教育、技能培训和继续教育等措施，清远市的人力资本基础水平逐渐提升。然而，与一线城市相比，清远市的人力资本基础水平仍有差距，需要进一步加大投入和改革力度。

其次，教育水平是人力资本基础水平的重要组成部分，也是影响城市未来发展的关键因素。清远市的教育事业在过去几年里取得了长足的发展，学校数量不断增加，教育资源不断优化，教育质量逐步提升。此外，清远市还加大了对教育的投入力度，提高了教师的待遇和培训水平，促进了教育公平和均衡发展。然而，与一线城市相比，清远市的教育水平仍有差距，需要进一步加强教育改革和创新，提高教育质量和水平。

再次，经验水平是指劳动者在工作和生活中积累的经验和技能。清远市的劳动者经验水平普遍较低，主要是由于城市经济发展相对较晚，劳动者的职业经验和技能积累相对不足。为了提高劳动者的经验水平，清远市政府和企业界采取了一系列措施，如加强技能培训、推动产业升级、引进人才等。这些举措在一定程度上提高了劳动者的经验水平，但仍然需要进一步加强，以满足城市经济发展的需要。

最后，清远市的人力资本基础水平、教育水平和经验水平都在不断提升，但与一线城市相比仍存在差距。未来，清远市政府和企业界需要进一步加大对教育和培训的投入，加强教育改革和创新，提高劳动者的素质和能力水平，推动城市经济社会的可持续发展。

第五节　清远市现代制造业体系发展情况小结

清远市的实体经济发展取决于其制造业的繁荣。制造业在地区生产总值中的占比、产值规模、产业结构高级化等指标是评估实体经济健康的关键因素。清远通过吸引投资、提高生产效率，以及优化产业结构来推动实体经济的增长。例如，鼓励新兴产业的发展，加强技术创新，提升企业的竞争力，都是实现实体经济繁荣的战略。

现代制造业的核心是科技创新。清远市在科技研发方面加大投资，通过建设科技园区、支持研究机构，促使企业与高校合作。这有望推动R&D投入的增加，提高R&D经费占GDP的比重。此外，专利授权数、发明专利占比等指标将反映清远市在创新产出方面的表现。

现代制造业需要强有力的金融支持。清远市通过发展现代金融服务，提供多样化的融资工具，促进企业的融资需求。人均存款、金融机构存贷款占GDP比重、金融机构存贷比等指标将反映清远市的金融体系发展情况。金融科技的发展也成为提高金融服务效率的关键因素。

实体资本包括基础设施、设备和其他生产要素。清远市致力于提升基础设施建设水平，确保制造业有良好的生产条件。投资者往往看重地区的实体资本环境，包括交通便利性、用电充足、土地政策等。清远市通过加大对基础设施的投资，为制造业提供更好的生产环境。

清远市作为广东省的一个重要城市，近年来在现代制造业体系发展方面取得了一定的成就。首先，清远市地理位置优越，紧邻珠三角经济区，交通便利，这为其现代制造业的发展提供了便利条件。其次，清远市政府大力推动产业转型升级，积极引进先进技术和管理经验，促进了企业技术水平的提升和产业结构的优化。此外，清远市重视人才培养和引进，建立了一批高水平的职业教育机构和科研机构，为现代制造业的发展提供了人才支撑。另外，清远市在制度建设和政策扶持方面也积极探索，出台了一系列支持现代制造业发展的政策和措施，为企业提供了良好的发展环境。

　　这些方面的综合努力将有望推动清远市现代制造业体系的可持续发展，促进经济的健康增长。请注意，以上仅为一般性的讨论，具体情况受到当地政府政策、国家经济政策以及国际经济环境等多方面因素的影响。

第五章

清远市支柱产业与战略性新兴产业发展情况

清远市位于广东省中部，位于北江中下游，于1988年1月7日经国务院批准设立，是广东省面积最大的地级市，北面和东北面靠近韶关市，东南和南面连接广州市，南面与佛山市相连，西面接壤肇庆市，划分为清城与清新2区以及连南、阳山、佛冈、连山4县，代管连州、英德2县级市，一半以上地域是山区，地势自西北向东南倾斜，主要是山地、丘陵，在北江两岸的南部地区分布有平原。该市得天独厚的地理位置，别致的地形地貌，造就了许多神奇的景观和地貌。该市有着丰富的旅游资源，例如溶洞温泉、原始森林、高山峡谷等。全市旅游景点共58处，成为了广东省旅游资源最丰富的市区之一，收获了"中国宜居城市""中国优秀旅游城市""中国温泉之乡"等一系列美誉，其旅游发展前景良好。

2022年清远三次产业结构为16.27∶37.77∶45.96，地区生产总值2032亿元，增长1.0%，总量位居全省第14、增速位居全省第11。全市完成规上工业增加值672.49亿元，同比下降0.8%；规上工业增加值总量占GDP比重为33.09%；全市园区工业增加值为299.74亿元，占全市比重为44.57%；先进制造业增加值占规模以上工业增加值比重为31.91%；高技术制造业增加值占规模以上工业增加值比重为10.1%。结合清远市既有资源及区位优势，形成了主要包括水泥、陶瓷、有色金属、先进材料与汽车零部件的支柱产业。在"十四五"规划构建现代产业体系的布局之下，作为传统优势支柱产业，在承担着"做优做强"任务的同时，也在推动转型升级进程，引领工业发展，为行业提供新动力。

按照《清远市产业"十四五"发展规划》的重点谋划，清远市前瞻布局战略性新兴产业，加快形成现代产业体系，迈进高质量发展轨道。目前，在战略性新兴产业中，前沿新材料、高端装备制造、安全应急、精密仪器及新能源发展较为突出。依托原有精细化工业基础优势，聚焦前沿技术突破与先进产品培育为新兴产业发展主方向。此外，广清一体化、广佛产业园及粤港澳大湾区等区域经济规划亦为错位发展新兴产业提供比较优势，通过参与产业链、构建工业配套体系，探索区域间资源互换共享等措施对战略性新兴产业赋能。

第一节　清远市支柱产业发展情况

2023 年 7 月 24 日召开的中共中央政治局会议提出，要大力推动现代化产业体系建设，加快培育壮大战略性新兴产业、打造更多支柱产业。自 1994 年 3 月 25 日起，国务院第 16 次常务会议明确提出"积极振兴支柱产业"的国家产业政策之后，支柱产业曾经高频出现在国家的产业政策中，此后这一概念又经历了沉寂，如今再次显现。支柱产业构成一个国家产业体系的主体，提供大部分的国民收入，是整个国民经济的支柱。支柱产业的构成及其技术水平决定了产业结构在演变过程中所处的阶段，其重点在于培育国民经济增长的主力产业。

自 20 世纪 90 年代机械电子、石油化工、汽车制造和建筑业被定义为中国第一批支柱产业 30 年后的今天，中国将再定义一批新的产业为支柱产业，例如数字产业、新能源、生物医药等将成为中国新的支柱产业。当下，不同的产业，不同的经济背景以及不同的政策方式，对各区域支柱产业建设提出新标准、新要求。依据清远市政府印发《清远市产业"十四五"发展规划》，工业发展将继续推动先进材料、绿色石化、食品加工、现代轻工纺织等传统优势支柱产业转型升级，同时做优做强生物医药与健康、汽车零部件及配件制造、新一代电子信息、软件与信息服务业和智能家电等战略性支柱产业，借助广清一体化入珠融湾，布局未来长期发展。

（一）清远市水泥产业发展情况

1. 清远市水泥产业发展现状

目前，清远市的水泥产业已经成为该市的支柱产业之一。水泥企业主要分布在市区和周边地区，其中以市区的水泥企业规模较大，技术水平较高。该市的水泥产业以生产普通硅酸盐水泥为主，同时也有部分企业生产特种水泥。清远市水泥产业在近年来继续保持稳定增长。该市的水泥企业不断进行技术改造和升级，提高生产效率和产品质量。同时，政府也加大了对水泥产业的环保监管力度，推动了该产业的可持续发展。然而，清远市的水泥产业也面临着一些挑战。一方面，随着市场竞争的加剧，该市的水泥企业需要不断提高自身的技术水平和产品质量，以增强市场竞争力。另一方面，随着环保要求的提高，该市的水泥企业需要加大环保投入，提高环保水平，以满足国家环保标准。

自广东省于2016年2月召开全省供给侧结构性改革工作会议，出台《广东省供给侧结构性改革总体方案》，清远市依据"1+5"系列文件，结合"去产能、去库存、去杠杆、降成本、补短板"的指导思想，对水泥这一传统支柱产业实施供给侧结构性改革，寻求产业再升级。根据清远市统计局2023年统计年鉴，清远市现有水泥、石灰及石膏制造企业28家，石膏、水泥制品及类似制品制造企业58家，工业总产值逾150亿元，在全市非金属矿物制品业工业总产值占比超40%，较2022年维持相对稳定，但水泥相关产业总产值减少约25%。水泥产业在全国范围内因熟料过剩而导致的产能过剩正在逐步回归合理范围，随着熟料产能利用率上升，恶性竞争环境也有望得到改善，同时伴随区域经济及珠三角大湾区规划的崛起，清远市水泥产业仍具有相当充分发展潜力。

2. 清远市水泥产业存在的问题

（1）环境污染问题

清远市的水泥产业在快速发展的同时，也带来了严重的环境污染问题。水泥生产过程中产生的废气、废水和固体废弃物对环境造成了严重影响。废气污染是水泥产业面临的主要环境问题之一。在水泥生产过程中，燃料燃烧会产生大量的二氧化碳、氮氧化物、硫氧化物等有害物质，不仅会污染大气环境，还会对人类健康造成威胁。废水污染也是水泥产业面临的重要环境问题之一。水泥生产过程中会产生大量的工业废水，废水中含有大量的悬浮物、有机物和重金属等有害物质，不仅会污染水体，还会对水生生物和人类健康造成威胁。固体废弃物也是水泥产业面临的重要环境问题之一。水泥生产过程中会产生大量的废渣和废料中含有大量的有害物质，如重金属和放射性物质等，会对土壤环境造成污染，影响农作物生长和人类健康。

（2）产能过剩问题

清远市的水泥产业在近年来取得了快速的发展，然而，随之而来的问题是产能过剩。由于前期投资过大，后期市场变化等因素，导致部分水泥企业的产能无法得到充分利用，造成了资源的浪费和市场的竞争加剧。产能过剩导致了市场竞争的加剧。随着水泥产业的快速发展，越来越多的企业加入到这个行业中来，导致了市场竞争的日益激烈。由于产能过剩，企业为了争夺市场份额，往往会采取价格战的策略，使得企业的利润空间被压缩，影响了企业的盈利能力。产能过剩还对整个水泥产业的健康发展造成了威胁。由于产能过剩，企业往往会过度生产，导致市场上水泥产品的供过于求，造成了资源的浪费和市场的混乱。同时，由于产能过剩，企业往往会忽视产品的质量和环境的保护，导致了产业发展的不可持续性。综上所述，清远市水泥产业的产能过剩问题十分严重，需要采取有效的措施加以解决。

（3）缺乏创新和科技引领

清远市的水泥产业虽然在技术引进和设备更新方面取得了一定的进步，但整体来看，该市的水泥产业仍然面临着缺乏创新和科技引领的问题。许多水泥企业缺乏足够的研发经费和技术投入，导致其生产技术和产品性能相对单一，缺乏市场竞争力。由于缺乏科技创新的引领，这些企业的产品往往缺乏独特性和差异性，无法满足市场的多样化需求。清远市的水泥产业在能源消耗和生产效率方面也难以得到进一步的提升。由于缺乏科技创新的引领，企业往往无法实现能源的高效利用和生产过程的优化，导致了能源的浪费和生产效率的低下。

3. 水泥产业存在问题的原因

（1）忽视环境保护重要性

清远市水泥产业的快速发展主要集中在经济利益的提升，而忽视了环境保护的重要性。水泥企业普遍缺乏环保意识，对环境污染问题认识不足，没有充分考虑到生产过程中对环境的影响。在生产过程中，企业缺乏有效的环保措施和治理手段，导致废气、废水和固体废弃物的排放不规范，对环境造成了严重污染。清远市水泥产业在技术引进和设备更新方面相对滞后，许多企业仍然使用陈旧的技术和设备进行生产。这不仅导致生产效率低下，而且也加重了环境污染问题。由于缺乏科技创新的引领，企业在生产过程中无法实现能源的高效利用和生产过程的优化，导致了能源的浪费和生产效率的低下。政府在清远市水泥产业的发展中扮演着重要的角色。然而，在实践中，政府对水泥产业的政策引导和支持不足，导致企业在环保方面的投入不足。政府对水泥产业的监管力度也不够，缺乏有效的环保法规和政策来规范企业的行为，使得一些企业能够逃避环保责任，加剧了环境污染问题。清远市水泥产业面临着激烈的市场竞争。为了争夺市场份额，一些企业往往会采取价格战的策略，导致企业的利润空间被压缩。在市场竞争的压力下，企业往往只关注自身的经济利益，而忽视了环保问题，导致环境污染问题的加剧。

（2）产能过剩

前期投资过大是导致产能过剩的主要原因之一。在水泥行业的发展初期，许多企业为了抢占市场份额，进行了大规模的投资，建设了大量的生产线。然而，后期市场变化和需求减少，导致这些生产线无法充分发挥作用，造成了资源的浪费和产能过剩。后期市场变化也是导致产能过剩的重要原因之一。随着市场经济的快速发展，市场需求不断变化，竞争也越来越激烈。一些企业没有及时调整生产策略，适应市场需求的变化，导致产能过剩问题的出现。缺乏有效政策引导也是导致产能过剩的原因之一。政府在水泥产业的发展中扮演着重要的角色，然而，在实践中，政府对水泥产业的政策引导和支持不足，缺乏有效的政策来规范企业的行为，使得一些企业能够逃避环保责任，加剧了环境污染问题。同时，也没有有效的政策来引导企业进行合理的投资和生产，导致产能过剩问题的出现。行业结构不合理也是导致产能过剩的原因之一。清远市水泥产业的结构不够合理，缺乏具有核心竞争力的企业和品牌。大多数企业缺乏自主创新能力和市场开拓能力，只能依靠低成本、低价格来争夺市场份额，导致市场竞争的加剧和产能过剩问题的出现。缺乏技术创新也是导致产能过剩的原因之一。水泥产业是一个高能耗、高污染的行业，需要大量的能源和资源支持。然而，由于缺乏技术创新和进步，企业的生产效率低下，能源消耗和环境污染问题严重。这也导致了产能过剩问题的出现和企业竞争力下降。

（3）忽视研发与创新的长期投入

清远市水泥产业缺乏创新和科技引领的原因是多方面的，主要包括研发投入不足。许多水泥企业往往只关注短期的经济利益，而忽视了长期的技术研发和创新投入。这导致企业在技术引进和设备更新方面虽然取得了一定的进步，但在核心技术和产品性能方面缺乏突破和创新。还缺乏科技创新意识。一些水泥企业的管理者和技术人员缺乏科技创新的意识，对新技术和新工艺的引进和吸收不够积极。这导致企业在生产过程中无法实现能源的高效利用和生产过程的优化，影响了生产效率和产品质量。

人才储备不足的原因。水泥产业是一个传统的高能耗、高污染行业，对技术人才的需求较高。然而，清远市水泥产业在人才储备方面存在不足，缺乏具有创新能力和科技引领能力的人才。这导致企业在技术创新和研发方面缺乏足够的支持和引领。政策支持不足：政府在水泥产业的科技创新方面缺乏有效的政策支持和引导，导致企业在科技创新方面缺乏动力和方向。同时，政府对水泥产业的监管力度也不够，缺乏有效的环保法规和政策来规范企业的行为，影响了企业的环保意识和科技创新的积极性。

4. 清远市水泥产业存在问题的解决对策

（1）加强对企业和公众的环境意识教育

针对水泥产业环境污染问题，清远市政府应加强对企业和公众的环境意识教育。通过开展环保宣传、组织环保培训和科普活动等方式，提高企业和公众对环境保护的认识和意识。同时，应鼓励企业积极履行环保责任，加强内部管理，采取有效措施减少环境污染。政府应鼓励水泥企业加强技术创新，研发和应用先进的生产技术和环保设备。通过推广新型节能减排技术，提高生产效率和资源利用率，降低废气、废水和固体废弃物的排放。同时，应加强对企业的技术指导和支持，帮助企业解决环保技术难题，提高环保水平。政府应加强对水泥产业的环保监管力度，建立健全的环境监管体系。对水泥企业的废气、废水和固体废弃物排放进行严格监管，定期进行环保监测和检查。对违反环保法规的企业进行处罚和整改，严重时予以淘汰或关闭。同时，应加强与其他地区政府的合作，共同打击环境污染行为。政府应积极推动水泥产业的转型升级，发展高端水泥产品和服务。通过政策引导、资金支持和市场准入等措施，鼓励企业加强技术研发和品牌建设，提高产品质量和市场竞争力。同时，应鼓励企业加强产业链合作，实现资源共享和优势互补，降低对环境的污染。

（2）政府、企业和行业协会共同协作

针对清远市水泥产业产能过剩的问题，应采取调整产业结构，推动产业升级的措施。政府应引导企业加大对技术研发和品牌建设的投入，提高产品的附加值和市场竞争力。同时，应鼓励企业加强产业链合作，实现资源共享和优势互补，降低生产成本，提高产能利用率。此外，应推动水泥产业与其他相关产业的融合发展，拓展市场空间，促进产业的可持续发展。政府应加强对水泥产业的政策引导和支持。通过制定优惠政策、提供资金支持等方式，鼓励企业进行技术创新和设备更新，提高生产效率和产品质量。同时，应加强对企业的监管，推动企业落实环保责任，减少对环境的影响。此外，应建立健全的市场预警机制，及时掌握市场动态，引导企业合理规划生产。水泥产业应加强行业自律，推动企业间的合作与交流。通过建立行业协会、制定行业标准等方式，规范市场秩序，避免恶意竞争和过度竞争。同时，应加强对市场的监管，打击假冒伪劣产品和不正当竞争行为，维护公平竞争的市场环境。综上所述，解决清远市支柱产业水泥存在的产能过剩问题需要政府、企业和行业协会共同努力。通过调整产业结构、加强政策引导和支持、加强行业自律和规范市场秩序等措施，可以推动水泥产业的健康发展，实现资源的优化配置和产业的可持续发展。

（3）加大科技创新投入

该市的水泥企业需要加大科技创新的投入，以提高企业的技术水平和研发能力。政府可以出台相关政策，鼓励企业加大技术研发的投入。政府可以提供一定的资金支持和技术服务，帮助企业引进先进的生产技术和设备，提高生产效率和产品质量。此外，政府还可以设立科技创新奖励机制，对在水泥产业科技创新方面取得突出成果的企业给予奖励，以激励更多的企业注重科技创新。企业可以与高校和研究机构建立合作关系，共同开展技术研究和产品开发。通过与高校和研究机构的合作，企业可以获取最新的科研成果和技术信息，提高企业的技术水平和市场竞争力。同时，企业还可以借助高校和研究机构的人才优势，培养和引进优秀的科技人才，提升企业的研发能力。清远市的水泥产业还可以通过加强产学研合作，推动科技创新。产学研合作是指企业、高校和研究机构之间的合作，旨在促进科技创新和产业升级。通过产学研合作，企业可以与高校和研究机构共享资源，共同开展技术研究和产品开发。这不仅可以提高企业的技术水平和市场竞争力，还可以推动清远市水泥产业的科技创新和产业升级。

综上所述，清远市水泥产业应加大科技创新投入，提高企业的技术水平和研发能力。政府可以出台相关政策，鼓励企业加大技术研发的投入，同时提供一定的资金支持和技术服务。企业可以与高校和研究机构建立合作关系，共同开展技术研究和产品开发。通过加大科技创新的投入，清远市的水泥产业可以进一步提高生产效率、降低能源消耗、提高产品质量和性能，从而更好地满足市场需求。

通过对清远市水泥产业的发展情况进行深入研究，可以发现清远市水泥产业在发展过程中面临着环境污染、产能过剩和缺乏创新和科技引领等问题。这些问题的产生主要是由于忽视了环境保护的重要性、产能过剩问题得不到有效控制以及缺乏创新和科技引领所致。为了解决这些问题，需要政府、企业和行业协会共同努力，采取相应的解决对策，包括加强对企业和公众的环境意识教育、政府和企业协作以及加大科技创新投入等。通过这些措施的实施，可以推动清远市水泥产业的可持续发展，促进经济的长期稳定发展。

（二）清远市陶瓷产业发展情况

1. 清远市陶瓷产业发展现状

清远市位于广东省北部，是一个拥有丰富陶瓷矿产资源和悠久陶瓷生产历史的地区。近年来，清远市的陶瓷产业发展迅速，成为当地的支柱产业之一。目前，清远市拥有众多陶瓷企业，主要生产建筑陶瓷、卫生陶瓷、日用陶瓷等产品，其中建筑陶瓷占据主导地位。然而，清远市陶瓷产业的发展也面临着一些问题和挑战，如产能过剩、市场竞争激烈、技术创新能力不足等。

自清远市 2002 年承接佛山、东莞等地陶瓷企业的逐步转移以来，清远已经成为广东省，乃至全国非常重要的陶瓷生产基地。目前，已经形成云龙陶瓷产业园和源潭陶瓷工业城两个主要的陶瓷产业聚集地。根据清远市统计局 2023 年年鉴，有陶瓷制品制造企业 28 家，年工业总产值超 120 亿元，生产线逾百条。陶瓷产业在清远地方经济中扮演重要角色，同时也与包括建材制造、新材料研发、高端装备制造等其他行业具有一定协同作用。

以清远市下源潭镇为例，该片丘陵地区地下蕴藏丰富矿产资源，包括高岭土、铁矿、稀土、瓷砂、钾长石、钠长石、水晶石、白泥、黑泥、叶腊石等。其中，高岭土蕴藏量超 2000 万吨，钠长石、钾长石蕴藏量超 3000 万吨。同时，高岭土、白泥、瓷砂等产品品位高，是优质陶瓷原材料。从清佛一级公路源潭段两旁向东延展，长度超 18 公里的陶瓷工业走廊上，孵化了多个国家级、省级著名商标，其中也不乏上市公司，产品兼具抛光砖、抛釉砖、仿古砖等，品类繁多，在超 2 万亩的总体规划面积之上，高度集成了瓷土、原料、生产、科研、包装等产业，作为城区的主导经济体，对于地方经济具有显著的拉动作用。

此外，近年以来，清远市政府一直着力于陶瓷产业转型升级事宜。2012 年 1 月 18 日，清远市人民政府印发了"关于优先扶持产业转移重点区域重点园区重点产业发展实施意见的通知"，通过优先安排用地指标、加大本级资金投入、完善投融资体系建设、完善配套设施、强化人力资源保障等举措，优先解决陶瓷等重点产业转移和加快发展面临的突出问题。对比 2014 年高峰时期，清远目前陶瓷产能已经压缩超 30%，对于附加价值低、利润率微薄、产能落后陶瓷企业，通过废止过往规范性文件，取消原有的较低税务、用地成本、用工成本、运输成本、融资成本、制度性交易成本等政策，废止部分支持企业创新发展、技术改造的奖补政策，并且提升园区准入门槛，不允许传统陶瓷制品制造项目进入的方式，推动陶瓷产业走向高质量、可持续发展道路。

2. 清远市陶瓷产业发展存在的问题

（1）推进"煤改气"窑炉烧制进展缓慢

清远市陶瓷企业在生产过程中，普遍使用水煤浆及煤制气作为燃料进行窑炉烧制。这种传统的烧制方式会产生大量的污染物，如粉尘、酚水、焦油等，不仅对环境造成严重的污染，同时存在泄漏风险，对环境和人体健康构成威胁。水煤浆和煤制气在燃烧过程中会产生大量的二氧化碳和其他温室气体，这些气体会加剧全球气候变化，对环境产生深远影响。此外，燃烧过程中还会产生大量的废渣和废水，这些废弃物处理不当会对环境造成进一步的破坏。使用水煤浆和煤制气进行窑炉烧制的另一个问题是存在泄漏风险。由于这种燃料的运输和储存都需要特殊设备和技术，一旦发生泄漏，不仅会对环境造成污染，还会对操作人员的人身安全构成威胁。

（2）产业之间缺乏联系和沟通

清远市的陶瓷产业各企业间缺乏有效的联系和沟通，这成为了限制整个行业发展的一个重要因素。由于各企业之间缺乏信息共享和协同合作，导致资源无法得到有效的整合和利用，进而使得整个行业的竞争力无法提升。缺乏联系和沟通使得各企业之间难以形成信息共享，无法及时了解行业动态和市场变化，无法对市场趋势做出及时的反应。这不仅影响了企业的日常经营，也使得整个行业的发展受到了制约。缺乏联系和沟通还使得各企业之间难以形成协同合作，无法通过合作实现资源的优化配置和互利共赢。这不仅影响了企业的经济效益，也使得整个行业的创新和发展受到了阻碍。

（3）缺乏科技创新和研发

在新的环保政策下，陶瓷行业面临着技术更新换代的问题，需要有新的技术来提高能源利用效率、减少污染物排放。然而，目前清远市陶瓷企业的科技创新和研发能力相对较弱，缺乏对新技术的掌握和应用。科技创新和研发能力的不足使得清远市陶瓷企业在技术更新换代方面面临很大的压力。由于缺乏自主研发能力，他们很难跟上行业技术发展的步伐，这将对企业的市场竞争力产生不利影响。缺乏对新技术的掌握和应用使得清远市陶瓷企业在减少污染物排放和提高能源利用效率方面进展缓慢。这不仅会影响企业的环保形象，也会对企业的经济效益产生负面影响。

（4）缺乏专业人才和技术工人

陶瓷行业的技术创新和研发需要大量的专业人才和技术工人的支持，这些人才需要具备丰富的专业知识和实践经验，以及良好的团队协作能力。然而，清远市目前在这方面的人才储备相对较少，这制约了陶瓷行业的发展。缺乏专业人才和技术工人使得清远市陶瓷企业在技术创新和研发方面进展缓慢。由于缺乏具备专业知识的人才，企业难以开展技术研究和产品开发，这将对企业的市场竞争力产生不利影响。缺乏专业人才和技术工人还会影响企业的生产效率和产品质量。由于缺乏具备实践经验的技术工人，企业在生产过程中难以保证产品的质量和效率，这将对企业的经济效益产生负面影响。

3. 清远市陶瓷产业发展存在问题的原因

（1）环保意识不强

一些陶瓷企业过于关注短期经济利益，忽视了环境保护和可持续发展，对环保政策和法规缺乏足够的重视和理解。这导致一些企业在进行生产活动时，对环保技术的研发和应用不够积极，缺乏有效的环保措施和设备，使得污染物排放量持续增加，环境问题日益突出。这些企业对环保的忽视不仅对环境造成了严重的破坏，也给企业自身的可持续发展

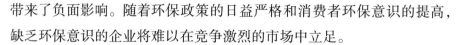

带来了负面影响。随着环保政策的日益严格和消费者环保意识的提高，缺乏环保意识的企业将难以在竞争激烈的市场中立足。

（2）技术创新能力不足

陶瓷行业的技术创新和研发需要大量的资金和人才支持，这是推动行业发展的重要动力。然而，清远市的一些陶瓷企业在这方面的投入和能力相对不足，导致技术水平落后，难以适应新的环保政策和市场需求。一方面，一些企业缺乏对技术创新的重视，没有意识到技术创新对提高企业竞争力和可持续发展的重要性。这使得企业在研发方面的投入不足，缺乏足够的技术人才和研发设备，无法进行高水平的技术研究和开发。另一方面，一些企业缺乏技术创新的资源和能力，如资金、技术、人才等。这使得企业在技术创新方面面临很大的困难，无法与一些具有较强技术创新能力的企业竞争。

（3）行业沟通机制不畅

清远市的陶瓷企业之间缺乏有效的沟通和合作机制，这成为了制约整个行业发展的一个重要因素。由于各企业之间缺乏信息共享和协同合作，导致资源无法得到有效的整合和利用，进而使得整个行业的竞争力无法提升。这种沟通不畅现象的产生，一方面是由于行业内部缺乏有效的协调和沟通机制，没有建立起规范化的信息交流和合作平台；另一方面，一些企业过于关注自身的利益，对与其他企业进行协同合作的态度不够积极，导致合作难以开展。

（4）人才储备不足

陶瓷行业，作为一门集工艺、设计、制造、营销等多个环节于一体的综合性产业，对专业人才和技术工人的需求量较大。然而，当前清远市陶瓷行业面临着人才储备不足的困境，这严重制约了行业的发展。人才储备不足导致企业在技术创新和研发方面进展缓慢。陶瓷行业的技术创新和研发需要具备丰富的专业知识和实践经验的人才，而清远市目前在这方面的人才储备相对较少，使得企业在技术更新换代方面面临很大的压力。由于缺乏具备专业知识的人才，企业难以开展技术研究和产品开发，这将对企业的市场竞争力产生不利影响。人才储备不足还影响企业的生产效率和产品质量。陶瓷企业的生产过程中需要技术工人进行熟练的操作和控制，而清远市目前在这方面的人才储备相对较少，使得企业在生产过程中难以保证产品的质量和效率。由于缺乏具备实践经验的技术工人，企业在生产过程中难以应对各种技术难题和突发事件，这将对企业的经济效益产生负面影响。

（5）政策支撑不够

尽管清远市政府对陶瓷产业的发展给予了一定的关注和支持，然而，这些政策支持的力度和覆盖面相对较小，无法满足陶瓷企业的实际需求。政策支持的力度不够。清远市政府对陶瓷产业的资金支持、税收优惠等政策相对较少，无法满足企业的实际需求。同时，政策在鼓励技术创新、环保生产等方面的支持力度也不够，无法推动企业进行技术更新和转型升级。政策覆盖面较窄。清远市政府的政策支持主要集中在一些大型企业或知名品牌，而对一些中小型陶瓷企业的支持相对较少。这导致一些小型企业在市场竞争中处于劣势地位，难以获得公平的发展机会。政策的执行力度也需要加强。有些政策在执行过程中存在不透明、不公正等问题，导致企业无法真正享受到政策的优惠和支持。同时，政策在落地和实施效果方面也需要加强监督和评估，以确保政策的有效性和持续性。

4. 清远市陶瓷产业发展存在问题的解决对策

（1）推进"煤改气"窑炉烧制

清远市政府应加大对陶瓷企业"煤改气"窑炉烧制的支持力度，制定优惠政策，鼓励企业进行煤改气改造。这些优惠政策可能包括财政补贴、税收减免等，以激发企业进行煤改气改造的积极性。同时，政府应提供必要的技术指导和资金支持，帮助企业解决在改造过程中可能遇到的技术和经济问题。在实施煤改气窑炉烧制的过程中，清远市政府还应加强对环保政策的宣传和培训，提高陶瓷企业的环保意识和责任感。

通过宣传教育，使企业充分认识到使用清洁能源对环境的重要性和对可持续发展的贡献，从而更好地配合政府的煤改气政策实施。此外，为了确保煤改气窑炉烧制的顺利推进，政府应建立和完善相关的监管机制，对改造过程和结果进行监督和评估。对于不遵守规定或改造不力的企业，政府应采取相应的处罚措施，以保证整个改造过程的顺利进行和取得预期的效果。

（2）加强产业人才"引育用留"链条构筑

鼓励和支持陶瓷企业加强人才培养。通过人才培养，企业可以引进和培养具备专业知识、实践经验的技术工人和管理人才，提升企业的科技创新能力和竞争力。清远市政府同时还可出台相关政策，鼓励并支持企业加强人才培养与引进，如提供培训补贴、人才引进奖励等政策措施，激发企业参与人才培养和引进的积极性。

与高校、职业培训机构合作，共同培养具备专业知识与实践经验的技术和管理人才，加强链条中培育端，保证人才引育用留的循环发展。结合提升工作环境与生活待遇，并提供资金补贴与技术支持等方式，可加强清远市陶瓷产业对人才吸引力，为企业提供更稳定人才供应，提高企业技术水平及生产效率，为陶瓷产业注入新活力。

（3）加强科技创新和研发

清远市政府应加大对陶瓷企业科技创新和研发的支持力度，提供资金、政策等方面的优惠。这些优惠措施可能包括科研项目资助、研发投入税收减免等，以鼓励企业加大科技创新和研发投入。同时，政府还可以搭建平台，推动企业与高校、科研机构等的合作，共同开展技术研发和创新。通过与高校、科研机构的合作，企业可以引进先进的科研成果和技术，提升自身的研发能力和技术水平。此外，政府应引导企业注重环保技术的研发和应用。随着环保政策的日益严格，陶瓷行业面临着技术更新换代的问题。通过研发和应用环保技术，企业可以减少污染物排放、降低能源消耗、提高能源利用效率等，实现可持续发展。政府可以提供环保技术研发的专项资金支持，鼓励企业开展环保技术的研发和应用。同时，政府还可以搭建平台，推动企业之间的环保技术交流和合作，共享技术和经验。

（三）清远市有色金属产业发展情况

1. 清远市有色金属产业发展现状

清远市经历了十年的技术改造和技术创新，该市金属行业在近几年实现了从跟随到自主创新的重大变化。在此期间，清远楚江铜业、广东隆达铝业、钛美铝业等多家金属企业获得自主知识产权或技术性突破。该市金属行业在产业技术路线图和人才路线图的指引下，向"新材料、短流程、智能化、绿色化"方向高质量发展。清远市在过去五年中累计淘汰钢铁落后产能500万吨、化解过剩产能62万吨，减税降费近百亿元。近五年还出台了《清远市"三线一单"生态环境分区管控方案》，针对陶瓷、水泥、有色金属等传统产业提出生产"全过程"管理，鼓励现有产业"三化"升级，关停落后产能。

目前，作为清远市传统支柱产业的有色金属产业已经形成了相对成熟的上下游全产业链，包括有色金属拆解回收、粗加工、深加工、终端产品等多步骤。目前，清远市有色金属冶炼和压延加工业企业共有51家，且主要集中在有色金属压延加工领域，该领域工业总产值占清远市有色金属产业的近80%。其中，有色金属再生利用站扮演了一个相当重要的角色。被中国有色金属工业协会授予"中国再生铜都"称号的清远市，再生金属产业已经形成完备产业链，同时龙塘镇、石角镇先后获评五金加工制造与电子制造专业镇和再生铜回收利用专业镇。现今清远市的有色金属产品已经形成包括铜杆、黄铜板带、铜箔、漆包线、电线电缆等在内相对丰富的产品线，产业集群效应显著，企业分工分业高效，是广东省内重要的有色金属综合利用制造业基地。此外，清远有色金属再生产业，尤其以在伦敦金属交易所及纽约金属交易所获报价的清远铜为首，同样在国际上具有显著影响力。然而，随着近年国际形势变化，美元持续走高，跨国贸易政策导向等多方面复合影响，产业有收缩趋势，业内企业多谋求转型升级，寻求二次增长曲线。

2. 清远市有色金属产业发展存在的问题

（1）利用效率低

清远市有色金属产业链完整，从矿产资源的开采，到冶炼、加工，再到终端产品的生产，都有涉及。然而，在这个完整的产业链中，原辅材料的利用效率却存在较大的提升空间。在矿产资源的开采过程中，可能会产生一些不必要的废石、废渣等，这些废料本身不仅占用了相当程度的土地资源，其环保处理也增加了企业运营成本。在冶炼和加工环节，一些高价值的金属元素并没有得到充分的提取和利用，不仅浪费了资源，冶炼过程中产生的废气和废水更可能会对环境造成污染。在终端产品的生产过程中，也可能会产生一些边角料或者废品。这些边角料和废品往往没有得到有效的再利用，而是被当作废弃物处理掉。

（2）节能降耗空间大

从生产过程来看，清远市的有色金属产业普遍存在能源消耗大的问题。这主要是由于生产过程中，需要大量的能源来维持冶炼、加工等环节的正常运转。而一些企业的设备老化、技术落后，导致能源利用率低下，进一步加剧了能源的浪费。清远市的有色金属产业在废弃物处理方面也存在较大的节能降耗空间。在矿产资源的开采、冶炼和加工过程中，会产生大量的废气、废水和废渣，带来土地资源的无端损耗与对生态环境的潜在威胁。而目前，清远市的有色金属产业在废弃物处理方面的技术还比较落后，导致废弃物的处理效率低下，能源浪费严重。清远市的有色金属产业在生产管理方面也存在较大的节能降耗空间。一些企业的生产管理不规范，导致生产过程中的能源浪费现象较为严重。例如，一些企业没有建立完善的能源管理制度，导致能源使用缺乏监管；一些企业缺乏能源使用监测设备，无法及时发现能源浪费现象等。

（3）硬件与软件不配套

在技术不断进步的今天，硬件和软件已经成为企业生产和管理的重要支撑。然而，清远市的有色金属产业在硬件和软件的配套方面，还存在一些不足。从硬件方面来看，清远市的有色金属产业普遍存在单工序单设备多的问题。这意味着在生产过程中，每个工序都需要使用不同的设备和工具。这种状况不仅增加了生产成本，也降低了生产效率。同时，由于设备种类繁多，也给维护和保养带来了额外的负担。在软件方面，清远市的有色金属产业缺乏有效的信息化管理工具。现代企业的竞争，不仅是产品的竞争，也是管理和效率的竞争。而清远市的有色金属产业在信息化管理方面还存在较大的提升空间。缺乏有效的信息化管理工具，使得企业在生产和管理过程中难以实现信息的实时传递和共享，从而影响了决策的准确性和效率。硬件与软件的配套问题也影响了清远市的有色金属产业的可持续发展。由于硬件和软件的配套不足，企业在生产和管理过程中难以实现资源的有效利用和优化配置。这不仅影响了企业的经济效益，也对其环境造成了潜在的压力。

3. 清远市有色金属产业发展存在问题的原因

（1）技术水平不高

清远市的有色金属产业在技术水平方面相较于国内外先进水平还存在一定的差距，这主要表现在矿产资源的开采、冶炼和加工等关键技术领域。一些企业缺乏自主研发和创新能力，导致资源利用效率低下，能源消耗大，环境污染严重。在矿产资源的开采过程中，由于技术原因，可能会产生大量的废石、废渣等，这不仅占用了大量的土地资源，而且还需要进行环保处理，增加了企业的运营成本。同时，在冶炼和加工环节，一些高价值的金属元素并没有得到充分的提取和利用，导致资源的浪费。

（2）缺乏有效监管

一些企业缺乏有效的能源管理制度和能源使用监测设备，导致能源浪费现象较为严重。例如，一些企业没有建立完善的能源管理制度，导致能源使用缺乏监管；一些企业缺乏能源使用监测设备，无法及时发现能源浪费现象等。同时，在废弃物处理方面，一些企业也缺乏环保意识和技术投入，导致废弃物处理效率低下，对环境造成严重污染。例如，在矿产资源的开采、冶炼和加工过程中，会产生大量的废气、废水和废渣。如果这些废弃物不能得到有效的处理，不仅会占用大量的土地资源，还会对环境造成严重的污染。而目前，清远市的有色金属产业在废弃物处理方面的技术还比较落后，导致废弃物的处理效率低下，能源浪费严重。

（3）信息化程度低

目前，清远市的有色金属产业在信息化管理方面还存在较大的提升空间，缺乏有效的信息化管理工具，使得企业在生产和管理过程中难以实现信息的实时传递和共享，从而影响了决策的准确性和效率。缺乏有效的信息化管理工具，使得企业之间的信息传递和共享存在较大的障碍。这不仅影响了企业之间的合作和交流，也使得企业在生产和管理过程中难以实现资源的优化配置和整合。同时，由于缺乏有效的信息化管理工具，企业的决策也难以得到及时、准确的信息支持，影响了决策的准确性和效率。

（4）环保意识有待增强

有色金属产业对于矿业、冶金与环境相关人才及专业技术水平要求较高。相较之下，地区范围内的高等教育与职业技术教育在相关领域中相对匮乏，教育领域的发展不充分在一定程度上影响着地区对人才的聚集与培养。此外，矿业对于新一代专业人才的吸引力不足，继而带来人才流失的现象。随着技术的快速发展，技术与设备也面临不断地更新迭代，一定程度上对在职培训与技能提升提出了更高标准的要求。

（5）市场竞争激烈

随着国内外市场竞争的日益激烈，清远市的有色金属产业面临着巨大的压力。由于一些企业缺乏自主创新能力和品牌意识，导致产品附加值低、市场竞争力不强等问题，这使得清远市的有色金属产业在市场竞争中处于劣势地位。在市场竞争中，企业需要不断创新和提高产品的附加值才能获得更多的市场份额。然而，一些清远市的有色金属企业缺乏自主创新能力，没有掌握核心技术，导致产品更新换代缓慢，难以满足市场的需求。同时，一些企业缺乏品牌意识，没有建立起自己的品牌形象和市场口碑，这也使得它们的产品在市场上缺乏吸引力。

4. 清远市有色金属产业发展存在问题的解决对策

（1）提高资源利用效率

要加强技术研发和创新能力提升。通过引进先进的生产技术和设备，可以改进生产工艺，提高矿产资源开采、冶炼和加工过程中的资源利用效率。这不仅可以减少废石、废渣等废弃物的产生，降低对土地资源的占用和环保成本，还可以提高资源的综合利用率和企业的经济效益。加强高价值金属元素的提取和利用也是非常关键的。在矿产资源的开采、冶炼和加工过程中，高价值金属元素往往被忽略或被当作废弃物处理掉。这不仅浪费了资源，还可能对环境造成一定的影响。因此，企业需要加强对高价值金属元素的提取和利用，提高资源价值，降低生产成本，同时也可以减少对环境的污染。加强生产管理也是提高资源利用效率的重要措施。企业需要建立完善的生产管理制度，加强生产过程中的监测和控制，及时发现和纠正资源浪费现象。同时，加强员工培训和教育，提高员工的环保意识和资源利用意识也是非常重要的。

（2）推动节能降耗

可以通过引进先进的节能技术和设备。通过更新老化和落后的生产设备，采用先进的节能技术和设备，可以提高能源利用率，降低能源消耗。这不仅可以减少能源浪费，提高企业的经济效益，还可以减少对环境的污染。加强能源管理制度建设和能源使用监测设备的配备也是非常重要的。企业需要建立完善的能源管理制度，加强对能源使用的管理和监督。同时，配备能源使用监测设备，以便及时发现和纠正能源浪费现

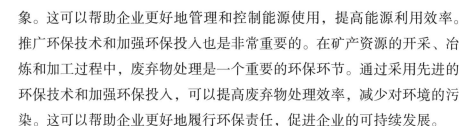

象。这可以帮助企业更好地管理和控制能源使用，提高能源利用效率。推广环保技术和加强环保投入也是非常重要的。在矿产资源的开采、冶炼和加工过程中，废弃物处理是一个重要的环保环节。通过采用先进的环保技术和加强环保投入，可以提高废弃物处理效率，减少对环境的污染。这可以帮助企业更好地履行环保责任，促进企业的可持续发展。

（3）加强硬件与软件配套

优化生产工艺流程是非常重要的。企业需要通过对生产工艺流程的分析和优化，减少单工序单设备的生产模式，实现生产过程的协同和整合。这可以帮助企业降低生产成本和提高生产效率，同时也可以提高企业的整体竞争力。引进先进的信息化管理技术和工具也是非常关键的。通过建立完善的信息化管理平台，可以实现企业之间的信息共享和交流。这可以帮助企业及时获取市场信息、客户需求以及生产过程中的各种数据，从而更好地调整生产和经营策略。同时，信息化管理也可以提高企业的决策准确性和效率，促进企业的可持续发展。加强员工培训和教育也是非常重要的，企业需要加强对员工的培训和教育，提高员工的信息化素养和使用技能。同时，也需要加强与信息化管理平台的对接和协同工作，确保信息化管理的有效实施。

（4）加强政策引导和支持

鼓励企业加大技术研发和节能降耗投入力度。政府可以出台相关政策，对企业在技术研发和节能降耗方面的投入给予一定的税收优惠和资金扶持。这可以激发企业进行技术创新和节能降耗的积极性，促进企业的转型升级和技术进步。加强行业监管和环保执法力度也是非常重要的。政府可以加强对有色金属行业的监管力度，加强对环保法规的执行和监督。对于环保不达标的企业，可以采取相应的处罚措施，推动企业提高环保意识和环保水平。提供公共服务也是政府支持的重要方面。政府可以为企业提供公共服务，如技术推广、人才培养、信息共享等方面的支持。这可以帮助企业更好地应对市场挑战和机遇，提高企业的竞争力和市场地位。

清远市有色金属产业作为支柱产业，在资源利用、节能降耗、硬件与软件配套等方面存在诸多问题，制约了该产业的可持续发展。针对这些问题，本文提出了相应的解决对策，包括提高资源利用效率、推动节能降耗、加强硬件与软件配套和加强政策引导和支持等。这些措施的实施将有助于促进清远市有色金属产业的健康发展，提高企业的竞争力和市场地位。未来，清远市政府和企业需要进一步加大技术创新和节能降耗投入力度，加强政策引导和支持，推动有色金属产业的转型升级和绿色发展。

（四）清远市汽车零部件产业发展情况

1. 清远市汽车零部件产业发展现状

清远市汽车零部件产业在近年来得到了快速发展，目前已经成为全市工业经济十大行业之一。该市积极承接大湾区产业资源外溢，探索"广佛整车＋清远配套"模式，吸引了众多汽车零部件龙头企业落户，如富强、敏实、长华等。据统计，清远全市汽车制造业相关规上工业企业164家，其中汽车零部件规上工业企业26家，2023年总产值64.48亿元。同时，清远市汽车零部件产业集群已经形成了一定的规模，涵盖了汽车发动机、底盘、电气系统、车身等各部分的产品，并且部分企业已经具备了一定的技术实力和品牌影响力。此外，广清产业园作为清远市汽车零部件产业的重要载体和平台，也得到了快速的发展。园区内拥有众多汽车零部件生产企业，如长华汽车冲焊件生产基地等。这些企业通过不断的技术创新和品牌建设，逐渐成为了行业的佼佼者，为清远市汽车零部件产业的发展提供了强有力的支持。总地来说，清远市汽车零部件产业在经历了起步和快速发展阶段之后，目前已经进入转型升级阶段，未来将朝着高质量、高效率、绿色环保的方向发展，并逐渐向智能化、数字化转型。该市的汽车零部件产业集群已经具备了一定的规模和影响力，为全市工业经济的发展作出了积极的贡献。

2. 清远市汽车零部件产业发展存在的问题

（1）综合实力不强

清远市汽车零部件产业中的企业大多数为中小企业，这是导致其综合实力不强、缺乏核心竞争力的主要原因。相比于大型企业，中小企业在资金、技术、人才等方面都存在较大的差距，这使得它们在市场竞争中常常处于劣势地位。资金问题是中小企业面临的最大难题之一。由于缺乏足够的资金支持，中小企业往往无法进行大规模的技术创新和产业升级，从而限制了其发展空间。同时，资金不足也使得中小企业在采购原材料、生产设备等方面存在困难，影响了其生产效率和产品质量。中小企业在技术上也存在较大的差距。由于缺乏专业的研发团队和技术人才，中小企业往往无法进行前沿的技术研究和开发，从而难以推出具有创新性和竞争力的产品。在该因素影响下，中小企业在市场竞争中往往只能扮演跟随者的角色，而无法成为行业的领导者。

（2）产业结构不够优化

清远市汽车零部件产业结构不够优化，低端产品较多，高端产品相对较少。这使得整个产业在面对激烈的市场竞争时，往往难以获得更高的利润和市场份额。同时，部分企业缺乏专业化、精细化的生产方式，导致生产成本较高，影响了产业的竞争力。低端产品较多是制约清远市汽车零部件产业发展的重要因素之一。这些产品往往技术含量较低，附加值不高，难以获得高额利润。同时，随着市场竞争的加剧，低端产品的价格也越来越受到挤压，进一步降低了企业的利润空间。高端产品相对较少也是制约清远市汽车零部件产业发展的重要因素之一。高端产品具有更高的技术含量和附加值，能够为企业带来更高的利润和市场份额。但是，由于技术水平和研发能力的限制，清远市的中小企业往往难以推出具有创新性和竞争力的高端产品，从而限制了其发展空间。部分企业缺乏专业化、精细化的生产方式也是制约清远市汽车零部件产业发展的重要因素之一。这些企业往往没有形成完整的生产链和工艺流程，导致生产成本较高，影响了其市场竞争力。同时，缺乏专业化、精细化的生产方式也使得这些企业无法充分发挥其技术优势和生产能力，进一步限制了其发展空间。

（3）缺乏专业人才

清远市汽车零部件产业缺乏专业人才的问题主要表现在缺乏高端人才。高端人才是推动产业发展的重要力量，他们具备丰富的技术知识和实践经验，能够引领企业进行技术创新和产业升级。然而，清远市汽车零部件产业中的高端人才相对较少，这使得企业在面对市场竞争时往往难以获得优势地位。缺乏专业的技术人才。汽车零部件产业是一个技术密集型的产业，需要大量的技术人才支持。然而，清远市汽车零部件产业中的技术人才相对较少，这使得企业在生产过程中常常面临技术难题和生产瓶颈，影响了其生产效率和产品质量。缺乏管理人才也是清远市汽车零部件产业面临的问题之一。汽车零部件产业不仅需要技术人才支持，还需要管理人才进行企业管理和市场运营。然而，清远市汽车零部件产业中的管理人才相对较少，这使得企业在面对市场竞争时往往难以进行有效的管理和运营，进一步影响了其市场竞争力。

（4）产业链不够完善

上下游企业之间的联系不够紧密。汽车零部件产业是一个产业链较长的产业，从原材料采购到零部件生产、组装和销售需要经过多个环节。然而，清远市汽车零部件产业中的上下游企业之间往往缺乏紧密的联系和协作，导致资源无法得到充分利用，影响了整个产业的效率和发展。缺乏有效的产业协同和合作机制。汽车零部件产业的发展需要各企业之间的协同和合作，共同推动技术创新和产业升级。然而，清远市汽车零部件产业中的企业往往各自为政，缺乏有效的协同和合作机制，导致资源重复投入和浪费，进一步影响了整个产业的竞争力。清远市汽车零部件产业链还存在信息不对称的问题。由于上下游企业之间缺乏有效的信息共享和沟通机制，导致信息传递不畅，影响了整个产业链的效率和发展。同时，这也使得企业在面对市场变化时难以及时做出调整和应对，进一步影响了其市场竞争力。

3. 清远市汽车零部件产业发展存在问题的原因

（1）企业自身原因

部分企业缺乏长远规划和战略眼光，只关注眼前利益，对于短期内收效不显著的方向，如技术攻关与人才培养制度体系的构建相对欠缺，导致企业规模较小，缺乏核心竞争力。同时，部分企业缺乏有效的管理机制和人才引进培养机制，导致企业内部管理混乱，人才流失严重。

（2）产业环境原因

清远市汽车零部件产业缺乏统一的行业标准和规范，导致企业间竞争无序，影响了整个产业的健康发展。同时，政府部门对产业的扶持力度不够，缺乏有针对性的政策措施，在一些关键领域，如核心技术攻关的扶持上存在失位现象，一定程度上限制了部分企业的发展。

（3）技术创新原因

清远市汽车零部件产业缺乏核心技术，大部分企业只能依靠低成本和价格优势参与市场竞争。市场上部分企业缺乏创新意识和技术创新能力，导致产品更新换代缓慢，难以满足市场需求。同时，未能建立起良好的企业间信息技术交流渠道，资源利用共享程度相对不足，不利于形成互相促进增长的良性竞争环境。

（4）人才培养原因

清远市汽车零部件产业缺乏高素质的人才队伍，尤其是高端人才和技术人才的短缺，制约了企业的发展和创新能力的提升。同时，高校和培训机构对相关专业的设置和培养力度不够，也进一步影响了产业的人才供给。人才"引育用留"链条建设程度不足，导致汽车零部件产业无法对相关人才产生充足吸引力，限制生产能力与技术水平发展提速。

4. 清远市汽车零部件产业发展存在问题的解决对策

（1）增强企业综合实力

政府可以提供政策扶持和资金支持，帮助企业扩大规模、提高产品质量和技术含量。例如，政府可以出台税收优惠政策、提供低息贷款、给予研发资金支持等，鼓励企业进行技术创新和品牌建设。此外，政府还可以搭建平台，组织企业参加国内外展览、洽谈合作项目等，帮助企业拓展市场和渠道。企业自身也需要加强技术创新和品牌建设。例如，企业可以加大研发投入，引进先进技术和设备，提高生产效率和产品质量。同时，企业可以通过品牌营销和推广，提升品牌知名度和美誉度，扩大市场份额。此外，企业还可以通过兼并重组等方式扩大规模，提高综合实力和竞争力。通过政府和企业共同努力，可以增强清远市汽车零部件企业的综合实力，提高其核心竞争力，推动产业的健康发展。

（2）优化产业结构

为了优化清远市汽车零部件产业结构，加大高端产品研发和生产力度是关键。通过引进先进技术、强化研发能力，推动产业逐步向高端化发展。这不仅可以提高产品的技术含量和附加值，还能增强企业市场竞争力。鼓励企业采用新技术、新工艺、新材料，持续创新，以满足市场对高品质、高性能产品的需求。对现有的低端产品进行升级换代也是重要的一环。通过技术改造和设备更新，提高生产效率和产品质量，降低生产成本，从而性价比更高的产品，满足更广泛的市场需求。这不仅有助于企业扩大市场份额，还可以推动整个产业链的健康发展。产业结构的优化不仅需要企业的努力，也需要政府的支持和引导。只有通过全社会的共同努力，才能推动清远市汽车零部件产业不断向高端化、智能化、绿色化方向发展，为清远市的经济繁荣作出更大的贡献。

（3）加强人才培养和引进

为了加强清远市汽车零部件产业的人才培养和引进，可以加强高校汽车零部件相关专业的建设和师资力量。提高专业课程的针对性和实用性，注重培养学生的实践能力和创新精神。同时，鼓励企业与高校、科研机构合作，共同开展科研项目和人才培养计划，为学生提供实习和就业机会，提高其专业素养和实践能力。建立健全人才培养和引进机制。政府可以出台相关政策，鼓励企业加大对人才的培养和引进力度。例如，为人才提供优惠税收政策、住房政策等，吸引更多高素质的人才来清远市发展。同时，鼓励企业加强内部培训和职业发展规划，为员工提供良好的职业成长环境和晋升机会。加强产学研合作也是重要的一环。企业可以与高校、科研机构合作，共同开展技术研发和创新活动，提高技术人才的实践能力和创新精神。通过产学研合作，可以实现资源共享和优势互补，推动产业技术创新和升级。通过以上措施的实施，可以培养更多高素质的人才，为清远市汽车零部件产业的健康发展提供强有力的人才保障。

（4）完善产业链

为了完善清远市汽车零部件产业链，加强上下游企业之间的联系和协作是关键。通过建立产业联盟或协同机制，可以实现资源共享和优势互补，提高整体效率和竞争力。建立产业联盟或协同机制可以加强企业之间的信息交流和合作。通过定期召开行业会议、技术交流会等方式，企业可以了解行业发展趋势、技术进步和市场变化等信息，同时也可以分享各自的经验和成果，促进共同发展。建立产业联盟或协同机制可以促进企业之间的业务合作。通过协同机制，企业可以共同开展研发、生产和销售等活动，实现产业链的优化和升级。例如，企业可以共同开发新产品、共同推广市场、共同应对供应链风险等，提高整体竞争力和抗风险能力。同时，鼓励企业向产业链上下游延伸也是完善产业链的重要措施。企业可以通过自主研发和技术创新，向产业链上游拓展，掌握核心技术和关键零部件的生产能力；也可以通过市场拓展和品牌建设，向产业链下游延伸，提高产品附加值和市场占有率。通过向上下游延伸，企业可以更好地掌握市场需求和变化，提高整体效率和竞争力。

完善清远市汽车零部件产业链需要政府和企业共同努力。政府可以出台相关政策，鼓励企业加强合作和业务拓展；同时也可以搭建平台，组织企业参加国内外展览和交流活动等，促进信息交流和业务合作。企业自身也需要加强技术创新和品牌建设，提高产品质量和技术含量；同时也可以通过合作和联盟等方式，加强与上下游企业的联系和协作，实现资源共享和优势互补。通过政府和企业的共同努力，可以完善清远市汽车零部件产业链，提高整体效率和竞争力，推动产业的健康发展。

综上所述，清远市支柱产业汽车零部件的发展面临着一些挑战和问题。其中，企业规模较小、产业结构不够优化、缺乏专业人才和产业链不够完善等问题较为突出。这些问题的存在限制了该产业的进一步发展和提升，因此需要采取相应的措施来解决这些问题。为了增强企业综合实力，可以采取引进先进技术、加强内部管理、提高产品质量等措施，还可以通过兼并重组等方式扩大企业规模，提高企业的核心竞争力。为了优化产业结构，可以加强高端产品研发和生产力度，推动产业向高端化发展。鼓励企业采用新技术、新工艺、新材料等手段，提高产品附加值和市场竞争力。对低端产品进行升级换代，提高性价比和市场份额。针对缺乏专业人才的问题，可以加强高校和职业培训机构的相关专业建设和师资力量，培养更多的高素质人才。企业可加强与高校的合作，共同培养符合市场需求的人才。为了完善产业链，可以加强上下游企业之间的联系和协作，建立产业联盟或协同机制，实现资源共享和优势互补。

第二节　清远市战略性新兴产业

战略性新兴产业是指建立在重大前沿科技突破基础上，代表未来科技和产业发展新方向，体现当今世界知识经济、循环经济、低碳经济发展潮流，尚处于成长初期、未来发展潜力巨大，对经济社会具有全局带动和重大引领作用的产业。当今世界，战略性新兴产业的培育与发展受到了全球的高度关注，前沿新兴产业发展迅速，新的投资增长点层出不穷，产业结构也发生了翻天覆地的变化。在今后的一段时间里，必须要抓住战略性新兴产业的发展方向，抓住科学技术制高点。根据国务院2010 年印发《国务院关于加快培育和发展战略性新兴产业的决定》，节能环保、信息、生物、高端装备制造、新能源、新材料、新能源汽车等被列为现阶段重点发展的战略性新兴产业。面对产业发展新阶段的要求与挑战，广东省政府印发《广东省制造业高质量发展"十四五"规划》，其中在"十大"战略性新兴产业布局中，清远三大新兴产业集群被列为星级标注。根据《清远市国民经济和社会发展第十四个五年规划和 2035 年远景目标纲要》，先进材料、装备制造与轻工消费品被规定为三个战略性新兴产业发展方向。

（一）清远市前沿新材料产业发展情况

1. 清远市前沿新材料产业发展现状

通过对清远市新材料行业专利资料的统计，清远新材料产业的研发重点为：先进无机非金属、新有色金属、新材料等三大类。关于新型无机非金属材料的申请，包括：C04（陶瓷，建材，耐火材料），E04（改性橡胶沥青，塑料改性沥青，建筑节能隔热，隔音材料，气凝胶及其制品），C23C（金属材料镀覆，金属材料表面处理），E04（1/98，建筑防震）申请数量最多，由 2015 年的 39/98（建筑抗震）增长最快，2015 年的 39 件，2021 年的 268 件；其中，IPC 编号 H01R（conductive material Materials）和 C22C（alloy，C22C）的申请量位居前三；"前沿新材料"共申请了 19269 件，占总数的 18%，分别是"印刷电路H05K"、"超常材料光学元件"（G02B）、日 22F（金属增材粉末，金属纳米材料）。E04B（改性沥青，塑料改性沥青，建筑节能隔热，隔音材料，气凝胶及其制品）申请数量高达 14566 项，在国际上尚未引起足够的关注，申请数量不足 1 万件。在国内外，C04B（陶瓷，建材，耐火材料），C08L，C09D，C09J 等被同等关注。

清远以 C04（陶瓷，建材，耐火材料）和 E04（改性沥青，塑料改性沥青，建筑节能隔热，隔音材料，气凝胶及其产品）为我国重点关注的对象。与国际上的总体情况相比，清远在 C23C（金属材料电镀，金属材料表面处理）领域的创新实力更强。

无论在国内外还是清远市，在先进有色金属材料的研究中，H01R（导电材料）均被列为主要研究对象，它与导电材料、超导电材料有着密切的关系，在交通运输，工业，医疗，生物，电子，军事等各个领域，都起到了举足轻重的作用，并逐渐改变了人类的生产和生活。

清远新材料行业的领军企业，在技术研究和产品开发上各具特色，主要研究方向包括：非铁合金、有色合金、铜基合金等。行业内部分企业在特种合金生产、利用热处理技术对有色金属及有色合金物理结构进行改造、钛基合金等细分领域具有显著的优势，带动清远有色金属材料产业的创新发展势头；在新型无机非金属材料领域，清远在陶瓷、建材、耐火材料、合成橡胶改性沥青、塑改性沥青、建筑节能隔热等领域的创新持续集聚和发力，符合我国的总体研发潮流，但是该研究方向在国外却没有得到广泛的关注，这与国家大力发展基础设施，对创新需求的强烈密切相关。在尖端新材料领域，清远将重点置于发展液态有色金属、光学超材料、医疗及牙科新材料等领域。

2. 清远市前沿新材料产业发展存在的问题

（1）政策在实施过程中没有凸显行业差异性

随着我国经济的快速发展，尖端领域的技术突破与革新已迫在眉睫。新材料作为国家战略的关注重点与诸多关键学科领域的基础，各地根据本地新材料行业的发展状况，制定了"靶向式"的新材料产业政策，各种优惠措施和政策也都纷纷出台，企业对政策的要求也越来越高。与江苏、四川相比，广东作为一个工业大省，对新材料产业高质量发展的态势的把握和判断还比较欠缺，还没有建立起一套比较完备的新材料产业政策体系，特别是在单个行业的发展上，大多数都是宏观的，比如《新材料产业发展规划》，它对整个行业的发展具有一定的指导性和规范性，但是，在执行的时候，没有突出行业的差异性，导致在执行中，出现了一些滞后或者执行效果不显著的情况，从而无法充分发挥有利于行业发展的有利政策。

在地级市层面，在理解与执行上级政策文件方面存在滞后性，缺乏针对不同行业具有指导性与操作性的配套实施细则。清远市在有关政策的制订和执行上，依然是以"宏观式"的工业政策为主，缺乏针对广东省新材料产业的规划和发展特点的配套政策。如清远市"十三五"规划中，仅对镁业、硼业、滑石等行业制定了对应的"十三五"发展规划，其他行业的发展规划尚存在一定的空白。新材料产业的政策体系尚不健全无法有效支持相关企业探索蓝海市场，寻求技术突破与新的增长空间。与全国各省市相比，清远市在以产业政策为导向的工业发展上，还存在着一些政策执行上相互矛盾、"执行慢、执行难"等问题。长久以来，这对该行业的发展是不利的。人才集聚、融资渠道、创新技术等优势资源的集聚，已经成为清远市新材料行业高质量发展的一个瓶颈。

（2）政府机构执行力度较弱

在新材料行业的发展过程中，政府扮演着引导、管理和监督的角色。清远市目前尚无专门的政府部门或内部职位对广东新材料行业进行全面监管，致使其在行政监管、监督和引导等方面存在一定的缺陷。主要包括：政策、法规执行力度不够、警示和处罚力度不够、主管部门和部门之间的职责划分不清楚等。以新材料行业中的镁行业为例，根据《镁质耐火材料工业大气污染物排放标准》的分级标准，其污染物排放量达标率不到50%，治理任务艰巨。在政策执行上，基层执法监督力度不足，对全市1000多家镁质材料企业，环境保护、市场监管、安全生产等执法监督工作变得越来越艰巨，尤其是在环保监管领域，由于缺乏足够的组织和人员，很难满足这么多的执法监督工作。

与此同时，因执行权力下放，政策执行的管理工作制度尚不完善，上下之间的协调也还存在着一些问题，比如，在一些地区，由于机构改革和整合，原本的全市上下贯通的管理体制就出现了断层，政策无法落实，基层工作人员的职责发生了变化或者是不明确，导致了执行力的减弱，就连基础的统计资料也无法得到，这对产业的运营状况的分析也会受到很大的影响，很难给今后的政府部门或者是制定政策提供一个可信的参考。这种现象存在于新材料行业的许多行业之中，如果长久地持续下去，将会对新材料行业的健康发展造成很大的负面影响，这一点需要引起足够的关注。

（3）政策实施者的职业素养还不够高

从单个部门来说，清远市的新材料行业的发展，要求有关的职能部门对产业的技术创新与进步进行指导，包括招标和组织实施科技重大项目，推动新型原材料的科研成果转化，实现产业化，共同推动新材料产业的发展。但是，由于清远市新材料行业还没有建立一个专门的业务部门来对其进行监督和指导，因此，在各个部门（如建材、冶金、石化、轻工、科学技术等）中，按照各自的职责分工，每个部门中都没有专门的材料学专家，有些处室还没有对口的材料学专家。个体的政策执行者对新材料高科技的高专业性知识、对产业政策内容的理解、产业发展态势和产业特征的认识也很少，这对引导产业发展具有很大的影响，在一定程度上阻碍了新材料产业政策的有效执行。

另外，作为促进新材料行业发展的公益性事业单位，省新材料工程中心是由多家事业单位在机构改革后整合而来，目前的员工中，绝大多数都没有从事过新材料领域的工作，在这方面的人才寥寥无几。从以上两点来看，当前仍然非常缺乏行政机关或有关部门的专业人才，这导致了政策执行者自身对政策的认识程度和认同程度以及专业的技术能力都不高。这对后期的产业政策执行有很大的影响，也对清远市新材料行业的高质量发展产生了一定的阻碍。

3. 清远市前沿新材料产业的发展瓶颈

清远市目前还没有针对新材料产业的发展提出明确的、具有针对性的产业扶持政策，对新材料产业发展的认识和表述大多是解释性的、指导性的文件，很少涉及各个产业之间的具体措施性政策文件。自2012年起，浙江，山东，江苏，四川，安徽，湖南等5个省市，分别对各自的新材料产业发展现状、区域特点、资源布局等进行了实地调研，根据行业发展现状及调研情况，提出了一系列具有指导性和延续性的配套政策。相比之下，清远市对新材料产业发展的把握和战略眼光都比较落后，清远市后来也出台了相关的新材料产业政策，提出了支持高科技产业、新材料产业创新链条的政策，但是，清远市新材料产业的发展，却在2017年才出台，与其他省市相比，落后了将近五年。而从当前清远市发布的有关政策文件来看，每一份文件对新材料工业发展的主要方向都有细微的差别，但具体产业发展规划等方面的配套政策还不够完善，而新材料工业所涵盖的行业很多，因此政策的指向依旧相对比较模糊。从政策执行模式来看，其实现的目标并不清晰。

从长远来看，清远市的各个职能部门都没有能够根据其发展现状来指导工作，更加不利于当地政府和相关部门对其进行详细的政策和措施的研究和制订。与此同时，由于政策本身具有引导性，缺乏严格的政策约束，使得新材料企业在选择发展方向、研发新产品、制定技术路线时面临着诸多的不确定因素。

当前，我国的政策宣导手段呈现出明显的多样化、现代性特征，其中以"互联网＋""新媒体"等最为典型。作为政策执行的宣传者，他们拥有最权威、最完整的社会媒体资源，他们也拥有了国内最先进的资讯和通信技术，同时，他们还应该将自己的优势发挥到极致，采用多样化的宣传方法和方法，将有效的信息传达出去，扩大政策信息的范围。针对政策执行主体的年龄层次、知识结构、行为习惯等不同，对政策内容、传播途径和传播途径进行选择，使政策的传达效应达到最大程度。

本研究将社会媒体与政策倡导相结合，运用政策宣讲的执行方式，形成最有效的政策执行宣传与执行策略。但是，在实际的运作过程中，很多时候，政策执行者还是采用了比较传统、直接的宣传方式，所使用的媒介工具也比较简单，忽略了它们之间的适应性，使得政策的内容和实施手段都没有能够和传播目标相融合。新材料行业的一个显著特征就是科学技术的含金量很高，它的专业术语词汇也比较多，因此，政策的内容也就具有了一定的复杂性。在政策倡导过程中，政策倡导的语言比较繁杂难懂，政策传播方式难以理解，只有一种或运用不当。

从政策执行模式的视角来看，这些因素都会对"组织之间的交流和执行"产生一定的影响，因此，在执行过程中，政策的执行没有达到预想的结果，而且还有可能会带来其他一些消极的后果。以上因素导致政府机关对公共政策的宣传有效性不足，政策的执行也没有能够达到预期的结果。

4. 清远市前沿新材料产业发展建议

（1）针对行业特点出台对应的落实政策

通过对清远市新材料产业政策的执行情况分析，发现其在制订与执行上普遍存在着一些问题。一是政策内容较为宏观，多数政策文件都是照抄国家政策，未与清远市工业发展实际相结合，对其进行了优化；二是对新材料工业所涉及的产业定位不明确，需更多权威业内人士；三是政策缺乏针对性，每个城市的主要产业不一样，按照大范围的材料来执行政策，不会给产业的发展带来实际的利益，同时也会给政策执行者的执行带来一定难度；四是决策上的滞后，专业化程度较低，已经不能与时代的发展相适应。作者以为应从以下几个方面着手进行改造。

第一，要把政府的决策放在首位。在制定政策时，要注重顶层设计，充分发挥清远市新材料行业的优势，将来自不同行业的高校、研究机构、知名新材料企业（龙头企业、高新技术企业）、行业内的高科技人才等召集到一起，进行行业调研，收集相关数据，并根据行业的实际，制定相关的相关政策。

第二，要有针对性地制定相应的支持政策，使其更好地贯彻执行。针对清远市、各区、县新材料行业的发展特征，制定了符合行业特征的专项规划，以引导相关政策的落实，促进我省新材料行业的高质量发展。

第三，政府的决策要与时俱进，新材料讲究一个"新"字，它的研究和成果的转化，是否能在最短的时间内占据市场，并将其发展壮大，都需要有相应的政策引导和扶持。所以，在制定政策的时候，要时刻注意到新材料的发展动向，推动高质量发展的理念，在新的技术、新的市场中占据一席之地。

（2）优化新材料产业政策实施机构的组织结构

在当前，广东省新材料产业的发展态势日益显著，其产业规模也在逐步扩大，当前的政府机构的行政管理效率已经不能满足新材料产业的发展需要，因此，为了推动地方新材料产业的发展，各地工信职能部门都设立了专门的岗位，负责行业管理，并且根据本行业的特点，制定了相关的产业发展规划。比如新材料大省江苏省，在省工信厅下设立了"原料工业司"，对原料和新材料产业的发展动向进行调研，对国际、国内原料产业的发展动向进行调研和分析，并对其进行指导；在此基础上，还建立了江苏省新材料工业协会，帮助政府部门贯彻落实产业政策；四川省是新材料发展的"快省"，四川省新材料产业由小规模发展到壮大，四川政府对此十分关注，专门设立了"材料司"，专门负责该领域的工作，并以"工业司"为职责分工，相互协作，建立了以新材料企业为主体的工业园区，促进四川省新材料产业的迅速发展。

广东省是一个工业大省，拥有丰富的矿产资源，我们希望清远市可以借鉴其他城市的先进经验，设置专门的功能岗位，对原材料和新材料行业的发展起到导向作用，制定新材料各个行业之间的发展规划，对行业经济运行情况进行整合分析，组织政策执行，推进新材料重点行业和项目的实施。此外，这些职位的设置，还可以强化行政监督，增强政府机关的执行力，对于行业发展中可能发生的资源过度开发、环境污染、安全生产事故等问题，为清远市新材料行业创造一个良好的发展环境。

（3）提高政府政策实施人员的综合素质

在当前阶段，在对政策执行者目前的执行水平没有足够的认知和正确的判断的情况下，政策执行者在专业层面上无法适应行业发展的步伐，这已经成为阻碍新材料行业高质量发展的一个关键因素。政策执行者应具有的一项能力就是正确地解读政策的内容，而正确地理解并掌握政策的内容，是政策执行工作取得成效的基础与前提。要提高政策执行者解读政策内容的能力，提升政策执行力，就必须对政策执行者进行规范化、系统化的政策学习，从而准确把握政策的功能与边界。所以，建立完善的政策执行人员的培训制度是非常必要的。

加强对新材料产业政策执行者的培养，使其整体执政能力和整体素质得到提高。一是实现了专业训练的全方位覆盖。新材料产业政策的内容，是一种技术性很强、专业性很强的行业，在执行新材料产业政策的时候，要做好上岗前和中期的专业培训，降低在新材料产业发展现状、科技成果转化、政策内容解读等方面的认识上的误区和盲点。二是要对政府的治理能力进行科学的评价。定期对政策实施者进行专业技术和执政水平的检查和评价，并对政策的执行方式、手段和过程进行检查，不要仅仅把注意力集中在政策执行过程中的效果上，而忽略了工作方法对政府组织的作用。少数决策者"政绩观"不正，不顾自身职责，一味追求成绩、追求政绩，这对新材料行业的长远发展也是不利的。

结合当前清远市新材料产业政策的执行状况，采取多元化、专业化的业务培训方式，健全人才培养机制，是促进清远市新材料产业政策执行者素质的提高，促进清远市新材料产业政策的落实，促进清远市新材料行业的高水平发展，具有十分重要的意义。

在国家战略性新兴产业和新材料产业支持政策的推动下，新材料产业得到了迅猛的发展，已经成为各省市高质量发展的重要领域，受到了高度的关注。清远市应该以新材料产业为重点，加大对新材料产业政策的落实力度，促进其高质量发展，从而促进清远市工业经济的整体提升。

（二）清远市高端装备制造产业发展情况

1. 清远市高端装备制造产业发展现状

高端装备制造业是我国特有的概念，国外与高端装备制造企业相关的企业被称为"先进制造企业""机械制造企业""精密制造企业"等。虽然我国高端装备制造业发展晚于国外，但我国在相关领域仍具备优势，已经形成比较完善的产业链和体系。

根据清远市统计局 2023 年的统计数据，清远市通用设备制造工业总产值约 55 亿元，专用设备制造工业总产值约 10 亿元，且在各细分领域中，尤以烘炉、风机、包装等设备制造规模最大，工业总产值达到 40 亿元。相比之下，高端装备制造业相较于其他产业，规模效应不显著，且主要集中于细分领域中的少部分头部企业。

2. 清远市高端装备制造产业发展存在的问题

（1）技术创新不足

清远市高端装备制造产业在技术创新方面的问题主要体现在自主研发能力的不足。由于缺乏自主研发能力，该产业在技术水平、产品质量、生产效率等方面难以与国内外先进企业竞争。这可能导致产品附加值低下，市场竞争力不强，制约了产业的升级和发展。具体来说，清远市高端装备制造产业缺乏具有自主知识产权的核心技术，多数企业仍依赖于技术引进或模仿创新。这使得该产业在市场上处于被动地位，无法有效应对不断变化的市场需求和技术环境。此外，由于缺乏自主研发能力，清远市高端装备制造产业在新技术应用、产品创新等方面也面临较大的瓶颈。

清远市高端装备制造产业对技术引进的依赖过大，导致产业在技术创新和升级方面存在较大的瓶颈。由于过度依赖技术引进，该产业在自主技术创新方面缺乏动力和积累，难以形成具有自主知识产权的核心技术。这使得清远市高端装备制造产业在市场竞争中处于不利地位，也制约了其可持续发展能力。清远市高端装备制造产业在技术引进方面存在以下问题：一是引进技术的消化吸收能力不足，无法充分利用引进技术的优势；二是技术引进的可持续性不足，往往只引进成套设备或技术，缺乏对核心技术的掌握；三是技术引进与自主创新的结合不够紧密，无法有效推动产业的技术升级和转型。

（2）市场竞争激烈

清远市高端装备制造产业在发展过程中面临着来自国内外市场的激烈竞争。国内市场方面，众多企业争相进入高端装备制造领域，导致市场竞争日趋激烈。同时，国外企业凭借其技术、品牌、资金等优势，也在不断扩大在中国高端装备市场的份额。这使得清远市高端装备制造产业在市场拓展方面面临较大的压力。

清远市高端装备制造产业的市场竞争力亟待提高。产品质量是影响市场竞争力的重要因素之一。目前，清远市高端装备制造产业的产品质量还不够稳定，存在一定的波动和不足。这使得消费者对产品的信任度和忠诚度降低，影响了市场的销售和口碑。清远市高端装备制造产业的技术研发和创新还不够充分，缺乏核心技术和自主知识产权。这使得该产业的产品难以在市场上脱颖而出，缺乏竞争优势。清远市高端装备制造产业的品牌知名度和美誉度还不够高，缺乏消费者认可和信任。

（3）缺乏多元化发展

该产业主要集中在某一类或几类产品的生产制造上，如机械零件、机床等，而未能形成多元化的产品线。这使得该产业在面对市场波动时容易受到冲击，同时也限制了产业的增长空间和盈利能力。产业结构单一和缺乏多元化发展还导致了清远市高端装备制造产业在品牌建设和市场拓展方面的难度。由于产品线单一，该产业在品牌建设上难以形成多元化的品牌形象和市场认知，也难以满足不同消费者的需求。同时，由于产品线的局限性，该产业在市场拓展方面也面临一定的困难，难以在更广阔的市场上获得更多的市场份额。此外，产业结构单一还导致了清远市高端装备制造产业在技术创新方面的难度。由于主要集中在某一类或几类产品的生产制造上，该产业在技术创新上难以实现跨领域、跨产品的创新和发展。这使得该产业在面对不断变化的市场需求和技术发展趋势时，难以保持持续的技术竞争优势。

3. 清远市高端装备制造产业发展瓶颈

（1）缺乏科技创新平台

清远市高端装备制造产业在技术创新方面存在的不足，主要原因是缺乏科技创新平台。科技创新平台在高端装备制造产业中扮演着重要的角色，它能够促进技术研发、创新和转化，是提高产业核心竞争力的关键。然而，清远市高端装备制造产业在这方面的建设相对滞后，缺乏专业的技术研发机构和人才，无法有效整合技术资源并进行持续的创新。缺乏科技创新平台还限制了清远市高端装备制造产业在技术创新方面的投入和能力。由于缺乏专业的技术研发机构和人才，该产业在技术创新方面的投入往往无法得到有效的回报，这进一步削弱了企业在技术创新方面的投入意愿。同时，科技创新平台的建设需要大量资金和资源的投入，而清远市高端装备制造产业在这方面的投入相对较少，也制约了科技创新平台的建设和发展。缺乏科技创新平台还导致了清远市高端装备制造产业在技术引进、吸收和转化方面存在一定的困难。由于缺乏专业的技术研发机构和人才，该产业在引进先进技术时往往难以准确评估技术的先进性和适用性，也难以将这些技术转化为具有市场竞争力的产品。这使得清远市高端装备制造产业在与国际先进技术接轨方面存在一定的差距。

（2）产业链不完善

清远市高端装备制造产业存在市场竞争激烈的问题，主要原因是该产业的规模较小，产业链不完善。高端装备制造产业是一个需要大量资金和技术支持的产业，清远市在这方面的投入相对较少，使得该产业的规模较小，缺乏足够的竞争力。同时，该产业的产业链也不够完善，缺乏上下游企业的支持，导致在市场上难以与其他产业形成竞争优势。产业规模较小和产业链不完善还限制了清远市高端装备制造产业在技术创新方面的投入和能力。由于该产业的规模较小，企业往往难以承担高额的技术研发费用，也难以通过规模效应降低生产成本。同时，由于产业链不完善，企业往往难以从上下游企业获取到技术支持和资源整合的能力，也难以通过合作创新的方式提高自身的技术水平。

（3）缺乏开放合作意识

清远市高端装备制造产业存在产业结构单一、缺乏多元化发展的问题，主要原因是缺乏开放合作意识，创新能力不足。该产业的企业往往过于依赖自身的产品和技术，缺乏与外界的合作和交流，导致在技术创新和产品开发方面难以突破。同时，由于缺乏开放合作意识，该产业的企业也难以借助外部资源进行多元化发展，进一步限制了产业的增长空间和盈利能力。缺乏开放合作意识和创新能力不足还导致了清远市高端装备制造产业在品牌建设和市场拓展方面的难度。由于缺乏与外界的合作和交流，该产业的企业往往难以获取到最新的市场信息和消费者需求，也难以借助外部资源进行品牌建设和市场拓展。同时，由于创新能力不足，该产业的企业也难以开发出具有市场竞争力的新产品和新服务，进一步影响了产业的品牌建设和市场拓展。

4. 清远市高端装备制造产业存在问题的解决对策

（1）提升自主研发能力

清远市高端装备制造产业要解决技术创新不足的问题，首先要提升企业的自主研发能力。政府可以出台相关政策，鼓励企业加大在技术研发方面的投入，提高技术研发人员的数量和素质。

同时，还可以通过与高校、科研机构等的合作，建立技术研发中心，加强与产业内外的合作和交流，提高企业的技术创新能力。清远市高端装备制造产业应该加强知识产权保护，鼓励企业申请专利、注册商标等，提高自主知识产权的保护意识。

此外，还应加强对引进技术的消化吸收工作，提高对引进技术的利用效率，形成具有自主知识产权的核心技术。清远市高端装备制造产业还可以通过实施人才战略，吸引和培养高层次技术人才。

政府可出台相关政策，鼓励企业加大对技术人才的引进和培养力度，提供良好的工作环境和生活待遇，吸引更多的高层次技术人才来到清远市高端装备制造产业工作和发展。清远市高端装备制造产业还可以通过建立技术创新联盟等方式，加强企业之间的合作和交流。通过共享技术资源和信息，共同开展技术研发和创新活动，推动产业的升级和发展。综上所述，提升自主研发能力和加强技术创新是清远市高端装备制造产业解决技术创新不足问题的关键。通过加强政策引导、加强知识产权保护、实施人才战略、建立技术创新联盟等方式，可以有效地提高清远市高端装备制造产业的自主研发能力和技术创新能力，推动产业的升级和发展。

（2）提升产品质量与竞争力

企业应该加强技术研发和创新，提高产品的技术含量和附加值。通过引进和吸收国内外先进技术，加强自主创新，培育自主知识产权，提升产品的核心竞争力和市场竞争力。

清远市高端装备制造产业应该加强产品质量管理，提高产品的稳定性和可靠性。建立健全的质量管理体系，强化生产过程中的质量控制和监督，确保产品符合国家标准和客户需求。同时，加强与供应商的合作与沟通，共同提升供应链的质量水平。清远市高端装备制造产业还可以通过实施差异化战略，突出产品的独特性和优势。通过深入了解市场需求和消费者需求，开发具有独特功能和优势的产品，满足消费者的个性化需求，提升产品的市场竞争力。

清远市高端装备制造产业还可以通过加强品牌建设，提高品牌知名度和美誉度。通过参加国内外展会、加强宣传推广、开展市场营销等活动，提高品牌在市场上的知名度和影响力。同时，加强与消费者的互动与沟通，了解消费者需求和市场变化，及时调整产品和服务，提升消费者对品牌的信任度和忠诚度。

综上所述，提升产品质量和竞争力是清远市高端装备制造产业应对激烈市场竞争的关键。通过加强技术研发和创新、产品质量管理、差异化战略和品牌建设等措施，可以有效地提高产品的质量和竞争力，赢得更多的市场份额和消费者认可。

（3）推动多元化发展

清远市高端装备制造产业应该根据市场需求和自身条件，逐步拓展产品线，向更广阔的领域和产品类型延伸。例如，可以引入智能制造、新能源装备、航空航天等新兴领域的产品线，以丰富产品种类和提升产业的多元化程度。

此外，还可以通过与产业链上下游企业的合作，共同开发新产品线和拓展市场，提高产业的抗风险能力和盈利能力。清远市高端装备制造产业应该注重品牌建设，塑造多元化的品牌形象，提升品牌知名度和美誉度。可以通过加大宣传力度、参加国内外展会、加强与消费者的互动等方式，提高品牌在市场上的曝光率和认可度。

同时，还可以通过多元化的市场拓展策略，扩大市场份额，提高产业的竞争力。清远市高端装备制造产业应该加大技术创新的投入力度，鼓励企业进行跨领域、跨产品的技术创新。可以建立研发中心或与高校、科研机构合作，共同开展技术研究与创新，提高产业的自主创新能力和核心竞争力。

还应注重高端装备制造业人才的培养和引进，吸引和培养高层次技术人才和管理人才，为产业的多元化发展和技术创新提供人才保障。综上所述，推动多元化发展、优化产业结构是清远市高端装备制造产业解决产业结构单一问题的关键。通过拓展产品线、加强品牌建设与市场拓展、促进技术创新与人才培养等措施的实施，可以有效地提高产业的多元化程度和竞争力，实现持续、健康的发展。

通过对清远市高端装备制造产业的发展情况进行深入研究，可以发现该产业存在技术创新不足的问题。首先，需要加强自主研发能力和科技创新平台的建设，提高技术水平和创新能力。其次，市场竞争激烈，需要提高产品质量和竞争力，加强品牌建设，扩大市场份额。最后，产业结构单一，缺乏多元化发展，需要推动多元化发展，优化产业结构，扩大产业规模和产业链，提高产业的抗风险能力和盈利能力。为了解决这些问题，我们提出以下具体的解决对策和建议。首先，政府可以出台相关政策，鼓励企业加大技术研发和创新投入力度，提高技术水平和创新能力。其次，企业可以加强品牌建设，提高品牌知名度和美誉度，扩大市场份额。最后，产业可以加强合作和交流，推动多元化发展，优化产业结构，提高产业的抗风险能力和盈利能力。

（三）清远市安全应急产业发展情况

应急产业是一种具有战略意义的新兴产业，其发展离不开国家和相关部门的积极支持。普遍认为，科学、有效的应急管理离不开专门的装备和应急产品，以及人才与科技的支持。但是，应急行业及其产品却有着自己的特点，在平常的时候，它的需求量很小，市场也很狭小，当遇到紧急情况的时候，它的需求会呈现爆炸性的甚至是几何级数的增长，比如在新冠疫情刚开始的时候，人们对口罩、呼吸机的需求，中期对核酸检测试剂的需求，现阶段对疫苗及特效药的迫切需求等。另外，鉴于突发事件种类繁多，在应对与处理过程中，所采用的应急产品种类繁多，且多数为社会企业不甚了解的冷门产品，因此，公共管理部门和企业常常缺乏对产品进行研发与储备的激励。一般认为，应急行业是一个高度依赖于政策的行业，它的产品除了具有类公共物品的特性之外，还存在着诸如时效性和刚性需求等一些特性。

清远市聚焦自然灾害、事故灾难、公共卫生、社会安全等四类突发事件预防和应急处置需求，提升安全应急产品的供给能力，完善安全应急物资实物储备、社会储备、产能储备、技术储备。依托广清产业园、广佛（佛冈）产业园建设清远市公共卫生应急防护物资产业园，借助金发科技作为化工新材料龙头企业的契机，推动口罩等应急物资生产企业落户，打造熔喷专用料—熔喷布—口罩全产业生产链条，力争形成龙头带动、产业集聚、协同创新的安全应急产业体系。推动广佛（佛冈）产业园区设立检测中心、消毒中心和研发中心，引导海关设立检验场，直接封关出口，打造应急物资一站式、全链条产业集群。导入省级以上重大科研平台，逐步构建应急机器人、智能装备、通信设备，应急大数据信息平台等战略性新兴产业体系，打造成服务粤港澳、辐射全国的重要应急物资生产和储备基地。

1. 清远市安全应急产业发展现状

应急产业已初具规模。广东作为一个经济大省，在营商环境、市场化程度以及工业发展所需的资源方面都有着非常显著的优势，这些优势对外来企业的吸引也在不断增强，逐渐产生了聚集效应。从地域分布和规模经营来看，清远市应急行业具有很强的集聚性，其中75%以上的应急企业分布在珠江三角洲。在对有关数据资料进行调研的基础上，发现，应急产品种类繁多，产品种类繁多，涉及自然灾害、事故灾难、公共卫生事件的防范和处置等各个方面，涵盖了我国《产业结构调整指导目录（2011年本）》"公共安全和紧急事件"子目录70%以上的内容。

应急产品涵盖范围很广，涵盖了各种应急事件和应急处置过程中的各种需要，例如疫苗和药物，救援装备，安全防护产品，应急指挥集成体系等。根据行业协会2015年公布数据，虽然清远市应急行业的产品种类比较丰富，但是有相当大的比重是以现场保障类为主，只有60.47%。近几年来，清远市积极推进应急行业的科技进步，用一系列的"组合拳"，鼓励企业提高应急物资的科技含量。现在，清远市的应急产业已经从传统的低端制造业，发展到了为应急管理提供服务的软件研发等高科技企业，门类相当齐全，经过几年的摸索和创新，已经在技术、产业和人才方面形成了很好的基础。尤其是近几年，清远市面向应急市场应用需求的科技创新取得了明显进展，涌现出一批以智能机器人、大型应急救援装备、民生应急救援装备、三防救援装备等高端装备和设备为代表的应急产品，不仅带动发展先进制造业，也提升了全省应急救援能力，在历次国内外重大灾害抢险救援中发挥了独特的作用，备受业界关注。同时，在对企业科技创新印象的评估中，如知识产权强企、知名企业、国家或省级科技进步奖等，都很少看到应急产业的身影。这意味着，虽然应急产业的产品技术含量呈上升的趋势，但与其他产业相比，它仍然处在产业链低端。

2. 清远市安全应急产业发展存在的问题

（1）安全应急产业政策供给主体间存在利益冲突

中央或地方政府的决策部署，上级的政府工作部门制定方案，下一级的部门具体抓执行，形成了一个完善的政策系统。在应急产业政策的实施中，当地政府、工业和信息化、应急管理部门、行业协会等多个利益相关者参与其中，对应急产业政策进行了详细的分析，可以看到，政策主体的利益冲突问题特别突出，在制定应急产业政策的时候，有多个部门，甚至是同一个部门，都是由不同的业务部门领导，他们的利益起点、行动立场、侧重点也不一样，增加了政策的组织和执行工作的难度。例如，工业和信息化部门更多的是从工业生产、产业结构等方面进行部署，而应急管理部门则主要是从产品和服务的需求方面来强化部署，当政策的制订和实施过程中，如果权责不清，责任不清，九龙治水，谁都能管，谁都不愿意管，而决策者往往倾向于选择那些能为自己带来政绩的、快捷的、有成效的政策，造成了政策的实施出现了堵塞和断档。这反映在应急工业政策的问题上，就显得不够系统性，政策工具搭配不平衡。

（2）安全应急产业政策运行机制不完善

政策运作机制，就是在政策实施过程中，各环节运作的根本途径。广义层面看，将围绕政策实施全过程的运作机理展开研究，主要涉及政策的组织方式、资源的调动、受益者的选择、社会服务的传导机制等。狭义角度看，它涉及了公共服务的传导机制。一个高效的运作机制，是对政策主体的行为进行规制，同时兼顾行为的公平性和效率性，同时兼顾公共服务的模式和个体的自由选择。

在前文的研究和专题调研的基础上，我们发现清远市的应急工业政策在制订、实施和监督上并未形成彼此抵触且各自独立的运行机制。尤其对于新兴产业，系统闭环运作显得尤为重要，科学、合理地制定应急产业发展目标与评估指标，强化行业运行监控与管理，确保应急产业健康有序发展。目前，全国和清远市均没有就应急工业政策实施的具体监管办法，仅在现有的政策供应中简单地提到了加强监管落实，这显示了各级和各部门对应急产业政策的重视，而不是落实。在清远，没有看到任何一个地方的政府或者有关部门，对应急行业的发展进行督促检查、调研评估等，对于这个行业的发展情况，没有一个清晰的认识，也不清楚，因此，客观上造成了一些政策的操作性不强等问题。

（3）政府对安全应急产业认知水平不足

从发展阶段来看，应急行业是一种新兴的行业，它还处在行业发展的初期（也被称为萌芽期），政府对该时期内的行业发展情况也缺乏全面的了解，从而推动了应急产业政策的制定。一方面，纵观清远的城市应急产业的政策，并没有一个清晰的定义，应急产业的产品体系，发展的路线，都是按照自己的实际情况来进行的。比如，在处理突发事件的时候，各种设备和技术都会被用在其中，所以，我们就将其作为一个重要的发展方向。比如，要提高应急行业的科技水平，需要引入人才，需要更多的资金扶持，但在培育孵化企业，培养本土人才，引导市场需求，营造一个良好的环境氛围时，更需要有足够的耐心，有足够的毅力，有深耕细作的工匠精神，政策就存在跛脚的现象。另一方面，应急行业的实际问题比政策更重要，只有当行业发展中出现一般性的、共性的、重大的问题时，决策部门才开始重视，依赖各级政府的回应、舆论的推动，或许可以促进某些有针对性的对策，而非制度的优先性，常常造成政策的被动回应，缺乏短期、中期、长期的系统规划和统筹规划。在文献分析与座谈调研的基础上，我们发现清远市的应急工业政策供给水平极不平衡，在基础制度层面和操作层面都存在着断裂，政策供给系统没有能够有效地进行有效的衔接与协调。在政策工具的配置上，尤其是在应急产品和服务的推广上，占据了最大的比重，着重强调了以需求为导向来引导行业的发展。但是，在人才、标准体系、财政资金、融资支持等领域，却显得十分脆弱，这也是一个很好的例证。

3. 完善清远市安全应急产业发展建议

（1）系统完善应急产业政策体系与设计

通过对清远市应急工业政策的文本及专题调研的研究，都表明清远市应急工业的发展需要进一步的系统化、条理化；清远市的"大类均衡、小类别失衡"、"政策文本内容解析"的结构失衡、政策供给层级断裂等问题，都是当前清远市应急工业政策体系不够系统的表现。清远市应急工业发展面临的最大问题就是产业政策体系不健全。清远市应急产业政策体系的系统性完善，要贯穿政策全过程，要掌握好政策的组织制度和支持措施，注重对应急产业政策的支持和支持，注重对应急产业政策的衔接和推进。

一是要构建以中央为核心的公共卫生突发事件应急管理体制；在国家、省及有关部门出台的有关应急行业发展的文件中，都没有明确的组织和执行主体，造成了责任不能落实。所以，要在更高的层次上，把一级领导的应急管理组织系统，真正做到"一件事一个部门干"的预期目的。应急管理部、省应急管理厅的成立和运行，给应急行业的发展提供了重要的契机，提出在应急行业发展中要加强职责，要通过应急管理部门对应急产业进行规划、制定和具体的组织实施，切实加强责任的落实。或者，可以参考先行先试地区的应急工业发展模式，建立相关的工作领导小组或者联席会议系统，将各种资源和资源进行整合，充分发挥主管部门的牵头、牵头和带头作用，并在全国范围内积极地寻求政策的扶持，把主要的、具有示范意义的重大工程引入进来，以此来优化应急产业的规划和发展布局，从而使各个部门共同努力，形成一个工作的合力。

二是要加强对突发事件的应急预案的支持和保障。应急产业政策的制定需要基于可信的大数据，打破政府之间的信息壁垒，推动应急产业的信息交换，摸清全省应急资源，全面掌握全省应急企业分布、产业现状、产能产值等具体信息，并在此基础上建立起与需求方之间的长期信息交流机制，使政府能够更好地发挥政府的引导作用，推动应急产业高质量发展。可以在省级应急管理局的领导下，统筹各有关职能单位及社会各界，构建应急资源动态信息库，并定期公布、修改重点产业领域的投资引导目录，确保国家在应急领域的权威和时效性。

（2）加强应急产业政策层次的连续性与协调性

概念规划部。一般来说，将短期、中期和长期三个时期细化目标，便于循序渐进地推动目标任务，并在循序渐进中加强政策的反馈。在这一点上，可以借鉴改革开放以来摸索出的"试点—总结—复制—推广"的模式，首先从具有典型意义的地区企业入手，进行创新的应急产业政策试验，为相关政策的全面执行积累经验。

体制基础层。首先，要确保应急行业的管理主体多样化、专业化，将公共行政机关、非政府组织、决策咨询组织、行业协会等作为主体，充分利用各自在资源、技术、资金或专业等方面的优势，共同推进应急产业的发展。专业化主体，这一类型的主体包括专业管理部门、企事业单位和专家学者等。在制定政策之前，要充分利用自己的专长，多征求意见，多咨询，提高决策的科学性和专业化程度。其次，要建立统一的应急管理标准与制度，确保应急管理手段的标准化、多元化；在此基础上，要对应急工业政策实现的目标、时限进行界定，并贯彻分阶段推进的思路。

运营执行层。第一个方面，在操作执行层面要具有可操作性，将上级的政策思想和价值导向积极地贯彻下去，综合运用经济、财税等手段，同时辅以宣传、教育、舆论等手段，不仅可以使企业主动地进行技术改造，提高行业水平，还可以增强整个社会的应急意识，提高应急管理水平。第二个方面，则是要加强监管手段，加强对执行情况的监控和反馈闭环，要通过各种途径，加强对政策执行情况的监控，争取得到第一手的、真正的资料，从而为政策的优化和改进提供一个强有力的借鉴。

（3）优化应急产业发展整体环境

首先，必须完善我国应急事业发展的相关法律、法规。完善的法制是我国应急事业发展的前提与保证。清远市应急事业的发展尚处在起步阶段，相关的法律、制度尚不完善，无法对其进行有效的引导和推动。所以，必须要强化相关的法规，以法律的权威性和刚性的要求，以法律的形式进行宣传和普及，让政府、企业乃至个人都能清楚地知道，在发展应急行业过程中，政府、企业乃至个人的权利与义务，从而在整个社会上形成一种共同的力量和推动力。

其次，要健全我国应急管理行业的标准化制度。制定符合我国国情的应急产品标准体系，是保障突发事件发生后应急产品合格与否的必要条件。清远市应急行业没有一个科学、规范的评价指标，导致应急产品的生产标准化程度较低，市场上存在着质量良莠不齐的问题。在此基础上，可对清远市应急产业发展状况的监测与分析指标进行修改，完善相应的统计方法，提升其对生产的赋能作用。

最后，建立突发事件应急行业的供需对接机制。在市场方面，供求双方畅通、高效的信息交流是降低成本、提高效率的一个重要条件；在企业层次上，要有效地创新，提高质量，降低成本，提高效率；在政府方面，主要是要充分发挥政府的主导作用，提高行业的综合竞争力；在社会层次上，就是要使各社团在为行业服务的过程中，能够更好地发挥其专业能力，从而达到可持续发展的目的。在应对突发事件的过程中，要不断地进行创新，不断地进行创新，不断地开发出切合实际需要的、符合市场规则的政策和服务措施，逐步建立起多个维度、高质量的服务系统，为各细分领域的龙头企业和专精特新企业的配置，创新成果的产业化，企业的转型升级，以及产业生态链的构建。

清远市应急产业政策供给存在的主要问题包括：应急产业政策主体间存在利益冲突、应急产业政策运行机制不完善、政府对应急产业认知水平不足。以问题为导向完善相关政策，是政策供给必须遵循的指导思路，针对清远市应急产业政策供给存在的主要问题，为系统构建清远市应急产业政策体系，加快应急产业发展水平，本研究从以下三个方面提出了政策建议：系统完善应急产业政策管理与设计、加强应急产业政策层次的连续性与协调性、优化应急产业发展整体环境。

（四）清远市精密仪器产业发展情况

当前，清远市的工业经济在规模和质量上处于省内上游，多年来，地区创新的综合实力一直稳定增长，具备较强的产业竞争优势，但是在提高供应链、产业链和价值链、提升自主创新能力、培养本地龙头企业和自主知名品牌方面还有很大的差距，迫切需要通过各种方式来实现突破。从世界各国的工业发展经验来看，产业集群是我国工业现代化的重要表现形式，是提高地区经济竞争力的重要途径。因此，清远市人民政府于 2020 年 5 月 20 日发布了粤府函〔2020〕82 号，明确了以电子信息产业、绿色石化产业、智能家电产业、汽车产业为代表的新一代战略性支柱产业集群；十个战略性新兴产业集群，包括半导体和集成电路，高端装备制造业，智能机器人，精密仪器设备等。根据清远市的实际情况，规划高起点、稳中求进地培育发展战略性支柱产业集群和战略性新兴产业集群，实现十大战略性支柱产业集群突出"稳"，十大战略性新兴产业集群突出"进"，对于促进清远市产业链、创新链、人才链、资金链、政策链相互衔接，加速构建一批有国际竞争力的现代产业体系，具有重要的现实意义。在一众新兴产业中，精密仪器制造作为技术尖端与科研能力的代表，其发展亦折射出地区创新创业、人才聚集培育的水平。

1. 清远市精密仪器产业发展现状

依托广州研发优势和产业集群优势，推动仪器仪表制造企业转型升级，支持相关企业参与关键技术研究，大力发展温度/压力/流量检测仪表、变松/调节仪表、伺服执行器等工业自动化测控仪器与系统产业，加快发展元器件参数测量仪器、通信测试仪器、电能计量仪表等信息计测与电测仪器产业；积极培育科学测试分析仪器、人体诊疗仪器、各类专用检测与测量仪器以及相关的传感器、元器件、材料等精密仪器设备产业，为广州、佛山等粤港澳大湾区精密仪器设备研发、生产基地做好产业配套建设。

精密仪器设备产业在国家创新驱动发展中承担着重要的支柱作用。清远市的工业在很多方面都有很好的发展前景，但是同时也面临着很多的问题。"科学始于量"，精密仪器是科研的先行者，是高科技的象征，是产业发展的助推器，是质量的保证。先进的仪器设备是知识创新与技术创新的先决条件，同时也是创新研究的主体内容，也是创新成果的主要表现方式。中国工程院《制造强国·领域卷（二）》提出，在新的经济与科技发展的新阶段，测控设备是我国战略性新兴产业（如节能、环保、新能源、高端装备制造业、新材料等）发展的主要驱动力，也是实现智能制造的重要基石，也是物联网、云计算等新兴信息产业迅速发展的技术支撑，也是大数据时代获取数据的源泉。同时，编制清远市高精度仪器工业技术发展规划，开展重大科研项目攻关，优先支持核心技术、关键部件、核心软件及可靠性等关键技术的攻关，打破技术发展瓶颈。

近年来，清远市持续推进我国重大精密仪器装备与系统的研究与开发，并将其作为战略性新兴产业的支柱。加强人工智能、量子感知、5G 等前沿科技在精密仪器设备中的应用研究，使其在集成化、智能化、网络化、实时性、小型化、多参量、高精度、高可靠性、高安全性等方面进一步提高。创新体制不断优化，推进以企业为主的技术创新体系，扶持企业建立企业技术中心等研发组织，加速精密仪器设备创新中心的建设，形成一条贯穿创新链和产业链的精密仪器设备创新生态圈。以此为切入点，推动产业链上中下游企业构建一种新型的融合组织方式，即互融共生、分工合作、利益共享。同时，继续强化对知识产权的保护与利用，形成一种有效的激励机制；将高端仪器设备纳入"首台套"目录，鼓励对国内高端仪器设备进行优先采购，并给予适当的补助。

置于区域经济建设进程中，精密仪器行业作为对知识密度、人才需求要求高的新兴产业，参与粤港澳大湾区科技创新发展战略，加快科技和创新资源的有效流通，可有效促进粤港澳大湾区高端精密仪器行业的交流与合作，加快港澳两大科技成果在清远市的转移。

2. 清远市精密仪器产业发展存在的问题

（1）技术创新能力不足

精密仪器产业需要大量的研发投入，包括人力、物力和财力等方面的支持，以推动技术创新和产品升级。然而，目前许多精密仪器企业的研发投入不足，导致技术创新无法得到足够的支持。精密仪器产业需要大量的高素质人才，包括研发、制造、销售等方面的专业人才。然而，目前精密仪器产业面临着人才短缺的问题，这制约了产业的技术创新能力和发展速度。精密仪器产业的技术壁垒较高，包括专利、技术秘密等方面的壁垒，这使得新进入的企业和技术难以获得市场份额和竞争优势。

（2）产业结构不够优化

精密仪器产业结构不够优化，缺乏自主创新和核心技术。尽管清远市在精密仪器领域已经取得了一定的进展，但与广东省内部分城市相比，仍存在较大的差距。目前，清远市精密仪器产业主要集中在中低端产品领域，而在高端产品领域则较为薄弱。这导致了清远市精密仪器产业结构单一，缺乏多样性，无法满足不同领域的需求。此外，清远市精密仪器产业还存在缺乏自主创新和核心技术的现象。由于缺乏自主创新能力，清远市精密仪器产业在关键零部件、材料、工艺等方面仍存在较大的瓶颈。同时，由于缺乏核心技术，清远市精密仪器产业在产品性能、稳定性、可靠性等方面与发达国家相比仍存在较大的差距。

（3）精密仪器产业缺乏专业人才

精密仪器产业是一种高技术、高精度、高附加值的产业，需要具备深厚的专业知识和技能。然而，目前精密仪器产业面临着专业人才短缺的问题，这制约了产业的发展。首先，精密仪器产业需要具备深厚的机械、电子、光学、计算机等多学科知识，要求人才综合素质较高。然而，目前高等教育中对于这些学科的划分过细，导致人才缺乏综合运用多学科知识的能力，难以满足产业的需求。其次，精密仪器产业需要具备丰富的实践经验和技术积累。由于精密仪器制造需要高度的技术含量和经验积累，只有通过长期的技术积累和实践经验才能掌握相关技术，而目前大多数年轻人缺乏这方面的经验和技术积累。此外，精密仪器产业需要具备创新能力和团队合作精神。精密仪器制造需要不断进行技术创新和研发，同时需要与各个领域的专业人才合作，共同完成产品的设计和制造。然而，目前大多数年轻人缺乏这种创新能力和团队合作精神，难以胜任相关工作。

3. 清远市精密仪器产业发展建议

（1）加强精密仪器产业技术创新

精密仪器产业是现代科技和工业发展的重要支柱，其技术创新对于提高国家科技水平和促进经济发展具有重要意义。为了加强精密仪器产业的技术创新，需要采取以下措施：精密仪器产业的技术创新需要大量的研发资金和人力资源投入，因此需要加强政府和企业对研发的投入，建立完善的研发体系，培养和吸引优秀的研发人才。精密仪器产业的技术创新需要整合各方资源，包括高校、科研机构和企业等。政府应该积极推动产学研合作，建立合作机制和平台，促进技术转移和产业化。精密仪器产业的技术创新需要得到知识产权的有效保护，以保障企业的合法权益和创新的积极性。政府应该加强知识产权保护的力度，建立完善的知识产权保护体系。精密仪器产业的技术创新需要与产业升级相结合，通过引进先进技术和设备，推动产业向高端化、智能化方向发展。政府应该加强对企业的引导和支持，鼓励企业进行技术改造和设备更新。精密仪器产业的技术创新需要与国际接轨，通过与国际先进企业和技术机构进行合作，引进国外先进技术和管理经验，提高清远市精密仪器产业的水平。总之，加强精密仪器产业技术创新需要政府和企业共同努力，通过加大研发投入、加强产学研合作、加强知识产权保护、推动产业升级和加强国际合作等措施，不断提升国内精密仪器产业的水平和竞争力。

（2）优化精密仪器产业结构

优化精密仪器产业结构是一项重要的任务，因为精密仪器在许多领域中都扮演着关键的角色，例如科学研究、工业生产、医疗保健和军事等。精密仪器的技术水平直接决定了其性能和质量。因此，提升技术水平是优化精密仪器产业结构的首要任务。这可以通过加大研发投入、引进高素质人才、加强产学研合作等方式来实现。随着科技的不断进步，精密仪器产业也需要不断升级。其中包括更新设备、提高生产效率、优化供应链、加强质量控制等。通过推动产业升级，可以进一步提高精密仪器的性能和质量，拓展其应用领域。品牌是产品形象和质量的体现，也是企业信誉和实力的象征。因此，加强品牌建设是优化精密仪器产业结构的重要环节。这可以通过提高产品质量、加强营销推广、完善售后服务等方式来实现。市场渠道的拓展是优化精密仪器产业结构的关键。除了传统的销售渠道外，还可以通过互联网平台、跨境电商、展会等方式拓展市场渠道。这样可以更好地了解市场需求、拓展销售网络、提高市场占有率。政策支持是优化精密仪器产业结构的重要保障。政府可以通过出台相关政策、提供资金支持、建立行业标准等方式来支持精密仪器产业的发展。这样可以鼓励企业加大研发投入、推动产业升级、加强品牌建设、拓展市场渠道等。优化精密仪器产业结构，还需要积极促进国际合作。通过与国际先进的企业和研究机构合作，可以引进先进的技术和经验，提高自身的研发水平和生产能力。同时，也可以借助国际合作，拓展海外市场，提高企业的国际竞争力。供应链管理是优化精密仪器产业结构的重要环节。需要建立完善的供应链管理体系，包括供应商选择、库存管理、物流配送等。通过优化供应链管理，可以提高生产效率、降低成本、保障产品质量，进一步提升企业的市场竞争力。随着环保意识的不断提高，推动绿色发展已经成为精密仪器产业结构优化的重要方向。需要采取环保措施，减少生产过程中的环境污染和资源浪费。同时，也需要关注产品的环保性能和使用寿命，实现精密仪器产业的可持续发展。市场营销是优化精密仪器产业结构的重要手段。需要加强市场调研和分析，了解市场需求和趋势，制定针对性的营销策略。同时，也需要通过广告宣传、促销活动等方式提高产品的知名度和品牌价值。通过加强市场营销，可以进一步拓展市场渠道和提高企业的市场竞争力。综上所述，优化精密仪器产业结构需要从多个方面入手，包括提升技术水平、推动产业升级、加强品牌建设、拓展市场渠道、加强政策支持、促进国际合作、加强人才培养、优化供应链管理和推动绿色发展等。只有全面提升各方面素质和能力，才能实现精密仪器产业的可持续发展，进一步提高其在国民经济中的地位和作用。

（3）引进和培养精密仪器产业人才

引进和培养精密仪器产业人才是推动清远市精密仪器产业发展的重要环节。为了提升清远市精密仪器产业的竞争力，需要加强人才引进和培养的力度。首先，可以通过制定优惠政策来吸引海内外优秀的精密仪器产业人才来华工作。这些政策可以包括提供良好的工作环境和生活条件，为人才提供具有竞争力的薪酬和福利待遇，以及为人才提供职业发展机会等。其次，可以通过教育和培训来培养精密仪器产业人才。可以在国内的高等院校和科研机构中设立精密仪器相关专业，培养具有专业知识和技能的人才。同时，还可以通过技能培训和职业培训等方式，提高现有从业人员的技能水平和专业素质。此外，还可以通过建立产业联盟和合作机制来促进精密仪器产业人才的发展。产业联盟可以为企业和科研机构之间搭建合作平台，促进技术交流和人才培养。同时，还可以通过国际合作机制，引进国外先进的精密仪器技术和人才培养经验，推动清远市精密仪器产业的快速发展。总之，引进和培养精密仪器产业人才是推动清远市精密仪器产业发展的重要途径。只有加强人才引进和培养的力度，才能提高清远市精密仪器产业的竞争力和创新能力，为清远市的经济发展作出更大的贡献。除了上述提到的措施，还有一些其他的方法可以用来引进和培养精密仪器产业人才。一是加强产学研合作。企业和高校、科研机构可以开展深度合作，共同研发新技术、新产品，推动精密仪器产业的创新发展。同时，高校可以设立实验室和实训基地，提供实践机会，培养学生的实际操作能力。二是提供多元化的职业发展路径。企业和机构可以制定职业发展规划，为人才提供多元化的职业发展路径，包括技术研发、市场营销、企业管理等。同时，还可以通过内部培训、技能提升等方式，提高员工的职业技能和素质。三是加强知识产权保护。精密仪器产业是高新技术产业之一，知识产权的保护对于引进和培养人才至关重要。政府可以加强知识产权保护的力度，建立健全知识产权保护体系，保障企业和个人的合法权益。四是加强国际交流与合作。通过参加国际会议、学术交流、技术合作等方式，加强与国际先进技术团队和企业的交流与合作，引进国外先进技术和管理经验，推动清远市精密仪器产业的发展。综上所述，引进和培养精密仪器产业人才需要多方面的措施和努力。只有通过综合施策，加强人才培养和引进的力度，才能为清远市精密仪器产业的发展提供坚实的人才基础，推动清远市精密仪器产业不断向高端、核心方向发展。

培育发展清远市精密仪器设备产业集群是贯彻清远市委、政府关于推进制造强省建设的工作部署，具有重要的战略意义。清远市精密仪器设备产业具有诸多方面优势，但也存在着许多挑战，必须立足清远市实际，紧紧围绕《意见》所提出的目标和任务来开展工作，抓紧落实，形成创新活跃、结构优化、规模领先的精密仪器设备产业体系，补短板、强弱项、促产业，有效支撑国家创新驱动发展战略，使清远市成为华南区域知名的精密仪器设备产业创新、研发和生产基地。

（五）清远市新能源产业发展情况

我国是能源生产与消费大国，同时也是碳排放大国。以煤炭消费主导的粗放型生产模式长期支撑着我国不断加快的工业化发展进程，随着全球石油、煤炭等能源的消费速度不断加快，二氧化碳排放量持续走高，生态破坏、生态失衡、全球变暖等问题一一展现到了人类眼前。联合国参照 IPCC 第五次评估的结果，制定了气候管理的方案，主要受人类活动的影响，出现了气候越来越严重的问题，给人类带来的风险也不断增大。然而降低风险的措施正在持续实施之中，也有多种解决方案可促进持续的经济发展和人文发展。

习近平总书记于 2020 年 9 月在第 75 届联合国大会上公布了中国关于气候变化的应对策略，截至 2030 年，二氧化碳的排放将到达峰值，我国努力的方向是 2060 年完成碳中和的目标；习近平主席在气候雄心峰会上就落实 2030 年前碳达峰时的能源低碳发展的目标宣布，截至 2030 年，非化石能源占比进一步提升到 25%，比之前的目标提升 5 个百分点，同时持续加强风力和太阳能发电投资建设，确保总装机容量突破 12 亿千瓦。但是 2020 年底的数据表明，当前我国风力和太阳能发电总装机容量远低于预期目标，仅不足 5 亿千瓦，表明在今后的 10 年里，我国的风、光发电必定超预期发展。作为地方政府，如何在做好新能源开发利用前提下，制定长期的新能源产业发展方案，是当前亟待解决的关键问题，各地政府将发挥重要的作用，应当加强部门调整，制定合理、有效的战略规划。

1. 清远市新能源产业发展现状

截至 2022 年底，清远市共建设了 43 个光伏发电站。光伏产业已经由原来的配额配给方式步入了全面的平价上网阶段，在 2019 年，我市申报的 5 个光伏平价上网项目被列入了国家首批"平价上网"计划，其中，98MW 的光伏光电互补项目，是广东省第一个并网的"平价"光伏电站。"十三五"期间，清远市共批准风力发电项目 17 个，总装机容量为 1156.9MW，其中公路风力发电项目 16 个，其中 5 个已报国家发改委核准，12 个已在我市实施。截至 2020 年底，清远市新能源发电（包括核能）的装机容量为 726.51 万千瓦，占全市总装机容量的 71.21%。新能源装机容量为 177.51 万千瓦，占全市总装机容量的 17.8%。其中，风力发电 73，200 千瓦，同比增长 65.77%，在广东省的总装机容量中占比为 4.74%；其中，光伏装机容量达到 91.49 万千瓦，增长 27.71%，在全国光伏装机容量中所占比例为 5.43%。全年新能源发电量 25.22 亿度，比上年增加了 11.8%，包括风能九亿八千万度，增加 38.2%；太阳能发电量为 9.94 亿度，比上年增加了 11.8%。到现在为止，清远市已有 39 个新能源工业企业，产值可达 282.37 亿元。其中，18 家电力工业企业，其产值可达 125.87 亿元；光电产业 12 家企业，产业产值可达 44.73 亿元；生物质能产业 1 家企业，产业产值可达 15.05 亿元；风力发电设备制造业有 4 家，产业产值可达 78.72 亿元；电力制造业企业 2 个，完成产值 5.49 亿元；2 家太阳能电池生产企业，完成产值 12.51 亿元；在风力发电设备的制造上，已经初步形成了一个完整的风叶、塔架、发电机组、风电整机的生产、运营维护等方面的产业链。在这个过程中，已经逐渐形成了一个重要的成套设备的制造和产业协同的配套环境。

2. 清远市新能源产业发展存在的问题

（1）新能源及产业政策推动有待重视

清远市的新能源工业仅仅在 2021 年被列为市政府工作报告中的一项重要工作。一些县级政府和部门没有对新能源产业的发展现状、特征、问题和前景进行深入的研究，对推动新能源产业的发展缺乏前瞻性。对新能源行业的理解一直停留在风电、光伏等新能源的开发与利用上，集中式光伏、陆上风电等项目占用了大量的土地，而这些项目建成后并没有给当地财政带来太多的收益，而且对土地的投入也不高，这也是为什么一些地方政府对新能源发展的积极性不高的原因。此外，一些新能源设备装配企业，随着区域新能源资源的分配和转移，成为"候鸟式"企业，缺乏可持续发展的动力。以上种种现象导致了许多县市政府在发展新能源方面采取了一种观望的态度。大部分新能源生产企业的发展都是靠着高科技的升级和科技创新等动力来驱动的。这一过程中，他们的投资回报率比较低，而且在项目的初始阶段，他们还需要投入大量的资本，而行业的规模也不大。

（2）产业政策和产业规划有待完善

清远市新能源产业整体布局较为零散，目前尚未规划的新能源产业园区，缺少产业政策导向，产业链结构不够完善。光电子器件主要是硅片，光伏电池，光伏组件等，缺乏相应的配套材料如光伏玻璃，EVA 薄膜等。风力发电行业主要集中在开发区，但在风力发电机、轴承和换流器等关键设备的生产企业中，缺少风电设备的生产环节。从总体上讲，清远市在新能源产业的发展上，没有一个整体规划，没有形成一个新能源产业集群。大部分的产业园区都是以工业园区、高耗能的生产项目为主，并没有专门的新能源工业园区。在市级层次上，缺少对相关行业的有效的规划布局，也没有对相关行业进行相应的指导。没有将各个县区的资源特色进行合理的配置，各个地区的园区都根据自己的利益需要，在未经论证的情况下，对新能源企业的引入进行了深入的研究，因而导致了全市新能源产业的良性发展。

（3）新能源产业招商政策有待优化

一些地方政府对新能源工业的理解还停留在表层，缺少深入的层面，在招商引资上出现了如下问题：一方面，一些地方政府在引进新能源项目、引进新能源企业方面缺少明确的目标。在城市工业发展转型时期，为了满足上级政府对招商引资的考核指标，许多地方政府缺少统筹思路和远见，对新能源产业的认知不够，缺少系统的调研分析，对当地新能源产业的现状不甚清楚，对新能源产业、产业链的组成、存在的短板也不甚清楚，很难瞄准区域新能源产业链中的薄弱环节补链，缺少对产业链上薄弱的项目和企业的吸引。另一方面，工业政策的执行力度不够，政府的政令也不够严格。县市的产业政策与发展方向通常与当地政府的决策有着密切的联系，新能源工业的发展要经过漫长的培养，要有创新性的科研成果转化，更要有有效的政府支持政策。一些地方的干部更替频繁，经常会造成政策前后变化很大，上一任领导出台的支持政策与当前领导的发展思路不一致，就会进行调整。为了尽可能降低调整对执行效率的影响以及带来额外工作量，要求当地政府在制定和执行相关的政策时要严格、认真。

3. 清远市新能源产业发展瓶颈

一是受地域、空间、资源制约。当前，国家既要对生态环境进行规制，又要对国土空间、海洋海事等实行规范化管理，产业政策缺乏统筹，多头管理，既受发展规模的制约，又受建设规划的制约，对可再生能源的发展产生一定的制约。例如：集中式光伏工程对占地面积有严格的规定。近几年来，随着国土空间规划、功能区划分等规划的实施，耕地、基本农田、永久农田、自然保护地体系、国家公园体系等都不能用于规划光伏发电和陆上风电，土地性质等因素导致陆上风电、光伏等项目的选址困难。清远市虽然有6677平方公里的水域，但受制于生态红线、海洋功能区、候鸟保护区、港口航道、倾倒区和国防军工等因素的制约，能够用于海上风力发电的资源并不多。在"碳达峰、碳中和"的战略背景下，地方政府有必要对可再生能源的发展、土地利用、环境等方面进行合理的规划，并在此基础上不断完善。

二是受技术、非技术性等因素的制约。在发展新能源时，必须尽量减少这两个方面的费用。一种是技术费用，另一种是非技术性费用。风力发电和光伏发电在开发和使用中的成本问题尤其突出。技术成本是指新技术和新设备的投入，而非技术成本则是指土地流转、融资、税费等费用。为了进一步提高可再生能源的利用效率，从而增加总发电量，我们可以通过提高可再生能源的技术含量来达到。此外，随着设备技术费用的降低，非技术性的费用将限制新能源的开发。通过对这座城市的风能和光电工程的统计，我们可以看到，在非技术性成本方面，存在着更多的竞争。

三是对电网的消纳。我国风电、光伏等新能源的调研表明，新能源既存在波动性，又存在间歇性、抗调峰等特性，这不仅会对电网正常运行造成影响，还会给电网的规划和保护带来极大限制。因此，对电网的调节能力、运行能力提出了更高的要求。虽然我国新能源发电技术已有较大发展，但广东省仍面临着电网调节费用的问题。另外，还有一个问题就是可再生能源发电能力不强。清远市是广东省仅有的几个具有抽水蓄能电站潜力的城市之一，但是，因其位置的问题，一直没有得到实施。清远市的网侧消纳已成为制约该地区新能源（如光伏、风电）发展的重大难题。清远市5个光伏平价上网工程通过了电网的核准，被列入了全国光伏平价上网目录。但在2020年，清远市却无一项目通过了国家电网的并网。"十三五"末期，清远市新能源的发展与利用面临着网侧消纳问题的严峻挑战。

四是实行财政补助。2019年之前，光伏企业主要靠补贴上网电价，光伏厂商也是靠着政府的补贴才能迅速成长，但"十三五"前期，光伏产业的产能过剩，高达40%以上。根据2008下半年的统计，因为大量的太阳能面板库存，仅有20%在运转。再加上"十三五"

以来，国家对光伏产业的支持力度越来越大，一些光伏企业产能过剩，加之国际贸易制裁，许多规模较大的太阳能电池生产企业被淹没在激烈的市场竞争中。2020 年 1 月，财政部等多个部门联合发布《关于促进非水可再生能源发电健康发展的若干意见》，明确从 2021 年起，中央财政停止对陆上风电建设的补贴；2022 年，政府将终止对海上风力发电项目的补贴，随着国家补贴价格的逐步降低，对风力发电行业的竞争能力形成了很大的冲击，从而导致了 2020 年风力发电行业的"抢装"热潮。清远市要在近期内实现新能源全面取代燃煤发电的局面，仍面临着严峻的挑战。新能源（不包括核能）在近期很难与火电相提并论。

4. 清远市新能源产业发展建议

（1）持续推进新能源开发利用

为积极推进"3060""双碳"目标，清远市"十四五"是碳达峰的关键时期和窗口期，以推进可再生能源替代、深化电力体制改革、建立以新能源为主的新型电力体系为主要内容，各级党委、政府要强化对碳排放的认识，提高抓绿色低碳发展的能力，确保在 2030 年前实现碳达峰，2060 年前达到碳中和的国家战略目标。

首先，我们应该更多地开发分布式光伏。太阳能的多样化发展是自发的。该项目以商业和商业建筑、公共建筑屋顶和工业园区为主体，与"以自用为主，余电上网"的分布式发电概念相吻合。推动分布式光伏与储能、微电网等协同发展，推动其推广应用。提倡在公共建筑中建立和发展分布式光伏电站。"十四五"时期，推动太阳能光热利用，鼓励采用多能互补等方式，推动能源的综合利用与开发。其次，开展会集光伏发电项目的开发。结合地方实际，研究并确定垦区闲置土地、沿海滩涂、鱼塘、沟渠等区域资源，构建一批风光互补、渔光互补、农光互补的"光伏＋"光伏发电示范基地，推动"光伏＋"生态旅游示范和光伏特色小镇的发展，推动光伏发电与农林渔业等其他行业的发展。

（2）加强新能源产业规划引导

各级政府要解放思想，加大对碳达峰、碳中和工作的引导力度，充分认识到，"碳达峰、碳中和"是党中央深思熟虑后作出的一项重要战略决策，既是国家可持续发展和高质量发展的内在需要，又是推进人类命运共同体建设的重要举措。因此，当地政府机构意识到，新能源和新工业的发展，既是我国的一项重要的战略任务，也将为当地经济注入新的活力。新能源产业的快速发展给社会和经济带来了巨大的正面效应，其规模的扩张将推动相关领域的工作岗位的增长，新增的工作岗位远远多于传统能源产业的岗位。新能源工业的发展，有助于推动工业经济结构的进一步完善。由于新能源工业的范围比较大，它包含了许多行业，如技术支撑、电子元器件、计算机等。随着它的快速发展，可以推动高附加值产业的发展，这与可持续发展的思想是一致的。随着新能源行业的发展，不仅可以降低新能源行业的运行效率，还可以拓展能源相关领域的许多高增值业务，比如储能、电动车充电、能量数据处理等。"3060"双碳目标的制定，将会促进新能源行业的迅速发展。通过网络、微信公众号、电视、报纸等流通媒介，加强对新能源行业的宣传，建立一个与区域新能源产业发展相适应的导向。

（3）强化多元投入机制

目前，清远市的新能源行业中，除了少数几家优秀的企业外，其他的企业都还需要进一步的提升。通过政府债券的发行，以及为商业银行、证券、民间资本等进入新能源发展的市场，这些都是为新能源产业的快速发展提供了重要保证。在现行工业经营体制下，政府有义务为新能源企业建立一个合理的融资渠道。此外，要对产业内部融资、增发等行为给予合理的指导，扶持各个创业者完成资金运作，完善现有制度下的资金运作方式。最后，通过多元化的融资方式和融资方式，完善资本架构，有效降低投资运作中必然存在的风险。

当地政府要根据国家的发展战略和区域经济建设的实际情况，来决定要推动的新能源产业链或者集群的构建，主要是对新能源企业在技术基础研究阶段的资金支持，以及在新技术推广阶段的资金支持。在科技基础研究方面，需要在新能源企业的技术研究方面进行直接的资金投入，或者通过税收优惠的方式，对其进行税前加计扣除，或者由当地政府制定一个免税、减征、退税等优惠措施，以此来激发企业的研发热情。此外，对于高耗电量的新能源设备生产企业，政府可协调各供电公司给予相应的价格优惠，并参加售电侧改革，减少运行费用。对于那些建造成本相对较高的海洋风力发电公司来说，可以进行财政的直接补贴，也可以对他们的售电价格进行补贴。

地方新能源工业的发展与建设要受到国家和当地新能源发展和利用的政策的制约。为加快实现"碳达峰、碳中和"目标，各地将加快推进清洁能源资源优化配置。同时，国家对新能源的发展目标也给予了更多的支持，推动了陆地风力、光伏等的完全平价、不补贴的接入；在保证安全的基础上，加速发展核能；加快发展以抽水蓄能电站和新型储能为代表的调节性电源，对电网进行进一步的优化和改造，促进电网智能化改造，促进新能源的消纳，增强电网的柔性调节能力。同时，把重点放在提高用能方式上。坚持并健全能源消耗"双控"体系；加强全社会节约用能，加速推广低碳科技，促进重点产业和领域用能效益；以"碳达峰、碳中和"为主线，研究提出能源领域实施措施，以推动能源低碳智慧转型，推动新能源高质量发展，新一代电力系统建设，新型储能发展等重大工作。

第六章

国内主要城市创新推动现代制造业体系建设的经验借鉴

第一节　北京——高端化、智能化、绿色化

北京市实体经济规模位居全国第二，结构合理；北京是中国的教育中心，高等院校数量和职业教育机构与丰富的人力资本储备在全国遥遥领先。

北京市政府致力于打造具有首都特点的现代产业体系，在多个重点领域发力，助企纾困、加速两业融合。北京市产业布局体系呈"两大国际引领支柱、四大特色优势、四大创新链接、一批未来前沿产业"分布，促进产业的高端化、智能化、绿色化发展。

（一）北京市现代产业体系高质量发展的政策保障及成效

1. 实体经济韧性强劲

坚持实体经济在现代化产业体系的中心地位。北京市人民政府办公厅于 2023 年 4 月印发《北京市全面优化营商环境助力企业高质量发展实施方案》，优化营商环境，保障市场主体公平竞争，助力市场脱离疫情影响逐步恢复。促使企业开办更加简便，推动工业产品快速准入、投

产上市，降低制造业入市成本①。新型实体企业由数字技术与实体经济深度融合，具备实体性、科技性和生态普惠性，有效地推动了传统产业的降本增效和转型升级。近年来，北京新型实体企业在发展中取得了鼓舞人心的成绩，与政府的扶持和鼓励密不可分。全国人民代表大会常务委员会于 2022 年 11 月 25 日印发《北京市数字经济促进条例》，旨在加强数字基础设施、数据资源和信息技术的管理，建立了一个统一管理的公共数据目录，以完善数据基础设施建设并进一步开放"信息闸门"；同时，大力鼓励创新活动的发展，推动数字经济的产业化和传统产业的数字化，不断完善智慧城市的建设。

根据《中国城市统计年鉴》可知，北京实体经济发展水平位居全国第一，当前北京实体经济产值结构和投资结构相对具有一定比较优势，但实体经济产值规模优势不明显。从产值规模看，北京 2022 年地区生产总值达到 4.16 万亿元。从产值结构看，北京产业结构高级化指数高，第三产业与第二产业产值之比达到 4.52。北京经济结构较为合理，实体经济在国民经济中比重较高，表明经济发展韧性较强。从投资规模上看，北京实体经济投资规模巨大，固定资产投资实现同比增长 3.6%。

2. 科技创新实力强盛

北京围绕加强基础研究能力建设，不断完善基础研究多元投入机制，重大科技基础设施加快落地运营，新型研发机构培育建设取得成效，各类创新主体基础研究能力持续增强。

2022 年，政府引导和支持力度的持续加大，支持企业创新的政策落地实施，激发了企业创新活力，企业创新对全社会 R&D 经费投入增长的推动作用日益显著。在北京地区，全社会 R&D 经费投入总量达到

---

① 北京市人民政府办公厅关于印发《北京市全面优化营商环境助力企业高质量发展实施方案》的通知［J］. 北京市人民政府公报，2023（24）：69－91.

了 2843.3 亿元，同比增长 8.1%，占全国 R&D 经费投入的比重为 9.2%，占比保持稳定。在科技创新方面，北京稳居全国城市第一梯队，且仍处于领先地位。在 2022 年全社会 R&D 经费中，基础研究经费达到了 470.7 亿元，同比增长 11.4%，占全社会 R&D 经费的比重为 16.6%，占比逐年稳步提升。

3. 现代金融发展强力

以金融迸发源泉活水滋养现代化制造业建设。不断加强现代金融顶层建设，以政策落实。2020 年 4 月，中国人民银行会同发展改革委、商务部等六部门联合发布的《关于进一步优化跨境人民币政策支持稳外贸稳外资的通知》提出要进一步推动跨境人民币结算和投资便利化，促进实体经济发展。2020 年 7 月 31 日，中国人民银行等四部门颁布《关于进一步强化中小微企业金融服务的指导意见》提出要通过优化金融资源配置，改善金融服务环境，提高金融服务水平，为中小微企业提供更多支持。

北京 2022 年末住户存款达 58621.4 亿元，人均 26.8 万元，住户存款增速达到了 20.3%。2022 年数据显示：从金融市场规模来看，北京的人均存款达到 26.8 万元，并且大幅度高于全国其他城市；而金融机构存贷比较低，银行盈利能力较弱，但银行抵抗风险能力强，可以有效应对支付危机、金融危机。从市场潜力来看，北京人均 GDP 达到 19.03 万元/人，市场潜力足；北京进出口总额占 GDP 比重达到 87.6%，外贸依存度较高，有利于经济发展，但同时会受国际负传递影响，受别国的失业、通货膨胀等导致经济不稳定的因素影响，造成经济的波动甚至衰退。从市场深度来看，北京保险密度与保险深度极高，经济稳定性强、个体的风险保障程度高、投资环境好，北京发展金融业潜力足。

4. 人力资本质量卓越

北京人力资本的基础水平落后于其他城市，教育水平仍有待提高。

2022 年北京市人口自然增长率为 − 0.1‰，人口数量变动不大，常住人口密度为 1331 人/平方公里。北京市教育支出占 GDP 比重 2.908%，教育支出占一般公共预算支出比重为 15.93%，教育支出普通高等学校在校生占比不突出。

（二）北京市现代产业体系高质量发展的经验

1. 坚持以实体经济为中心

打造制造强国，质量强国。制造业是实体经济的基础，提升制造业的竞争力是提升实体经济发展质量、加快实体经济的创新的关键。北京市政府结合中国电气化革命、配合数字新基建、扩大新能源产业规模、提升新能源产业质量，细分行业的隐形冠军。

打造智造强国，数字强国。北京市积极推动实体经济与数字经济深度融合，为实体经济发展注入新活力，致力于打造具有国际竞争力的数字产业集群。北京数字经济发展的优势在于核心产业优势明显，拥有健全的数字技术产业和优质的数字营商环境，这些方面为发展数字经济奠定了良好的基础。

2. 强化科技创新能力建设

以科技加强发展质量、以创新提升发展速度。北京市致力于推动专精特新企业向绿色、高端、智能化发展，培育新一代信息技术、生物技术、人工智能等适应新时代发展需求的核心产业发展引擎。创建国家级新一代人工智能创新发展区，深耕新能源领域。

加大科技创新支持力度。北京市围绕国家战略需求导向，充分发挥中关村科学城的引领作用，全面升级创新实力；持续增加区内优势产业领域的研发投入，助力创新成果不断高质高量增长；聚焦于前沿科技与核心领域的发展规划，大力支持高端技术企业投身科研与创新实践，破解众多关键核心技术问题，以科技发展拉动现代化制造业建设。

激励技术创新发展，加强监管助力产业健康发展。北京市推出了针对专精特新的制造业企业的数字化赋能力度提升计划，致力于协助高新技术公司进行产业升级转型，从而实现其高质量的发展。同时，政府制定了一系列的政策来支持智能联网汽车的试验性运行区域建设，进一步推动该领域的创新和发展，并且加强了对于新技术、新产品和新行业的监管力度，以确保新兴产业的健康发展。

3. 加强现代金融顶层设计

开放金融市场，活跃金融创新。北京市政府大力推动金融市场的对外开放，引导外国资本注入，推动金融市场国际化。市金融监管局和人行营管部提出支持实体经济发展、优化融资信贷环境的具体举措，助力现代金融发展。

完善金融基础设施，采取推进措施。聚焦优化首都金融营商环境的新突破和新成效，出台支持政策、实施先行先试工作、落地基础设施、搭建重点平台、形成体制机制创新和推进绿色金融改革等。

依靠金融手段支持实体经济发展，推动金融支持科技创新。推动"股债服务"模式联动金融服务模式创新，创新探索认股权贷款、科技人才贷、并购贷款等服务，加速现代金融体系建设。

4. 激发人才创新活力

提高教育水平，为社会提供坚实的人才储备。作为全国的文化中心，北京拥有着非常优良的教育环境和教育资源：高等学校密度极高，全国顶尖高校如北京大学、清华大学、北京航空航天大学等，这些学校教育水平极高，在众多领域都有十分大的影响力，持续不断地为社会输入人才。

重视科研教育，引进大量优秀的科研人才，建设发展众多科研机构和实验室。这些机构和实验室常年进行着前沿科学研究，取得了多项国际领先的成果，为北京地区科技发展打下坚实的基础。同时，各高等院校也在积极投入科研领域，与科研机构合作开展研究，形成了良好的氛围，为该地区的科研教育不断注入新鲜血液。

第二节　上海——创新型、智造型、需求型

上海市实体经济规模巨大，位于全国第一；金融市场规模庞大，是国际化的金融都市；科技创新能力强，教育资源丰富，拥有丰富的人力资本储备与巨大的人才吸引力。

（一）上海市现代产业体系高质量发展的政策保障及成效

1. 实体经济数字化转型成效显著

促进实体经济转型升级，推动实体经济数字化、智能化。2022 年上海市人民政府办公厅发布《上海市推进高端制造业发展的若干措施》，调整投资方向以提高产业基金效益，发挥其在产业升级中的指导作用，考虑扩大产业转型升级投资基金的规模是否可行，并积极研究如何建立市场化运作的元宇宙和城市数字化转型基金。这将有助于激发企业的市场潜能，并为应用领域的创新与推广提供支持。特别是在人工智能、5G 和工业互联网等关键技术领域，应当发布重要的应用场景创新项目指导方针。

从产值规模看，上海 2022 年地区生产总值达到 4.16 万亿元，涨幅喜人，实体经济产值规模在全国排名第一，大幅度领先其他城市。从产值结构看，上海产业结构高级化指数值为 2.77，仍有一定发展空间。上海作为中国最大的经济中心之一，市场环境的国际化程度也在不断提高，其吸引了越来越多的跨国公司和国际人才，这些公司和人才的进入

不仅带来了新的技术和理念，也促进了上海市场环境的不断升级和
创新。

上海为了推进高端制造业的发展，提供了许多便利条件：将认定的
重点产业重大技术改造项目支持上限提升至 1 亿元人民币，并且通过贴
息方式鼓励企业加大投资和项目的建设；加大了"三首"（即，首台
套、首批次和首版次）的支持力度，充分发挥了创新产品推荐目录的
作用，优化了首台套、首批次、首版次政策，并提高了对创新及研发的
经费支持。此外，上海还立足自身，在加快科技自立自强和建立现代化
产业体系的背景下，塑造发展新动能和新优势。

2. 科技创新活力进一步激发

整合多领域资源，打造全球性科创中心，为保障建设具有全球影
响力的科技创新中心提供法治保证。2023 年 5 月上海市第十五届人民
代表大会施行的《上海市推进科技创新中心建设条例》，依据清晰的
建设责任、详尽的建设内容和突出的核心要素支持，推动创新生态系
统的发展。将科技、经济、金融、教育和财政等诸多领域的资源紧密
结合起来，对现行政策中已经被证明成功的改革举措进行强化、改善
和完善。

扩大 R&D 经费投入，夯实科技创新坚实基础。根据《2022 年全国
科技经费投入统计公报》，上海的科研与开发（R&D）经费投入超过了
千亿大关，达到了惊人的 1981.6 亿元；R&D 经费投入强度也非常高，
达到了 4.44%。上海作为全国第一梯队城市，科技投入程度处于领跑
地位。

链主效应凸显，梯队式推动企业"进化"。大创智创新发展示范区
促进互联互通的上下游产业链成型。通过企业交流会、项目分包合作等
形式，大创智鼓励园区企业彼此认识，分享创业经验，加强业务往来。
坚持"全过程创新"，转换底层逻辑，着眼全过程创新、树立全链条观
念，打造科技创新新范式。"从 0 到 1"，前沿基础研究是基石。这方

面，杨浦具有得天独厚的优势。杨浦高校人才济济，集聚了一大批重点高校院所包括复旦大学、同济大学、上海理工大学等，是上海乃至全国优质科技成果的"聚宝盆"。

2022 年 9 月，"星火燎原"计划由杨浦区金融办牵头启动，并设立"杨浦区高校科技成果转化引导资金"。杨浦区财政统筹首期 1000 万元专项引导资金，由国家技术转移东部中心指导，上海全国高校技术市场有限公司作为受托实施机构负责计划运营和资金管理，制定投决制度。"星火燎原"计划把以往简单的政府项目扶持方式，调整为"市场投资＋政府资助"相结合，明确"投早、投小、投硬科技"的导向。

3. 现代金融蓬勃发展

激发投资动能，完善制度保障。2023 年 4 月上海市人民政府办公厅发布《关于新时期强化投资促进加快建设现代化产业体系的政策措施》，推出招商引资政策新工具，支持引进高端产业项目、农业农村优质项目；推广高质量招商新模式，鼓励重点产业链招商、开放应用场景招商，强化重点产业招商新优势；布局发展"四个新赛道产业"，构建招商引资新机制，完善项目综合服务保障机制。

2022 年数据显示：上海 2022 年末住户存款达 52637.59 亿元，人均 21.3 万元，住户存款增速达到了 23.4%。从金融市场规模来看，上海人均存款达到 23.3 万元/人，市场规模庞大；而金融机构存贷比较低，银行盈利能力较弱，但抵抗风险能力强，可以有效应对支付危机、金融危机。从市场潜力来看，上海人均 GDP 达到 15.73 万元，市场潜力较足；上海对外贸易依存度极高，有利于经济发展，但容易受到国外负面经济因素影响。从市场深度来看，上海保险密度与保险深度数值都较高，经济稳定性强、个体的风险保障程度高、投资环境好。上海发展金融业能力强、潜力足。

4. 人才集聚效应显著

培养优质人力资源机构，支持人力资源服务机构高质发展。支持人力资源服务机构运用人工智能、区块链等新技术，发展个性化定制服务、人力资源软件开发等新产品；扩大网络招聘、协同办公、在线培训等在线服务覆盖面。上海将建立多个优质企业"苗圃"，遴选约 200 家企业建立"市—区"两级人力资源服务业重点企业培育库；积极推进"浦江之光"企业库建设，对符合条件的人力资源服务企业在创新孵化、成果转化、挂牌上市等关键环节给予支持。

5. 产业布局格局优化

推动产业协同发展，产生 1＋1＞2 的效果。2021 年 9 月，上海市地方金融监督管理局、上海市统计局、上海市经济和信息化委员会、上海市发展和改革委员会等单位联合颁布《上海市推动先进制造业和现代服务业深度融合发展的实施意见》，贯彻落实先进制造业与现代服务业的深度融合，延长产业链提升附加价值，相互促进，共同发展。培养一批具有出色创新能力、卓越成效和高品质产品的企业。

上海市政府将鼓励企业以产业集群和集约化经营为主要方向，加强与互联网、物联网、大数据等新技术的结合，实现工业互联网的全面发展。促进制造业企业的产业布局和集约化经营，加强其在新技术领域的应用和创新。同时，提高服务环境和支持政策，有助于促进制造业企业的营商环境和市场竞争力，增加企业的发展和成功机会。

（二）上海市现代产业体系高质量发展的经验

1. 强化数实融合

加强数字经济和实体经济融合一是要把握数字时代大势、乘势而为，进一步增强制造业数字化转型责任感紧迫感；二是要聚焦"四个突出"提升"四个能力"，不断提升制造业数字化转型升级水平；三是加强统筹、协调联动，形成推进制造业数字化转型的强大合力。

明确发展方向，出台措施落实。上海具有全球竞争力的国际化大都市，进一步推动市场化改革，优化营商环境，提高市场活力和资源配置效率。上海也将更加注重生态环境和城市品质的提升，实现经济发展和环境保护的良性循环。

2. 培育创新动力

强调科技创新引领，坚持创新驱动发展。上海作为我国经济中心和科技创新中心，全力打造一片创新创业的热土，在构建新发展格局、抢占先机、参与国际竞争等方面重视发挥科技创新引领作用。同时，积极推动新兴工业化，加快培育科技领军企业。创新探索政府财政资金支持早期科研成果转化，"从 1 到 10"，让更多科研成果走出实验室，加速科技、金融、产业的良性循环。

加强高水平大学建设，注重科技人才培养。注重高水平大学建设，并提升大科学设施运行效能，加大研发投入和重大科学装置建设，推动重点领域技术攻关。

注重科技政策落实。上海出台了一系列支持科技创新的政策，实行单列管理解决高校院所技术类无形资产管理问题，优化"揭榜挂帅"等项目遴选方式，推动科技政策落实落地。

政府推动建立制造业企业、科研机构、高校等多方合作的产业创新共同体，加强流程和信息的共享，实现创新资源的优化配置，并在核心技术领域设立开放式实验室和创新中心，打造具有全球竞争力的制造业创新中心。同时，通过建立开放式实验室和创新中心，将有助于优化创新资源配置，推进制造业的核心技术和关键领域的研究。

3. 大力发展数字金融

发展数字金融，推进实体经济。加强数字金融建设顶层设计，建立中国首家金融数据港；大力支持金融科技发展，加快推动金融数字化转型；因地制宜打造长三角数字金融产业新高地。

注重金融人才的培养。上海交通大学高级金融学院的专业课程涵盖编程、金融、统计学、机器学习等方面的学习，培养了学生更强的就业竞争力。

上海是全国的金融中心之一，吸引了大量国内外金融机构的入驻。近年来，随着自贸试验区的建设和创新政策的推出，上海的金融业得到了更加迅速的发展，并且在金融创新和服务实体经济方面也是全国的领跑者。

此外，上海还出台了一系列促进金融业发展的政策，例如"三稳四建六提升"十三条举措，以金融创新打造国际一流营商环境。上海自贸试验区自成立以来推出了一系列创新政策和实践，形成了一批基础性制度和核心制度创新，并在全国范围内进行复制和推广。

4. 提升人才资本积累

打造国际化人才集聚新高地。上海静安区发布了"全球服务商——人力资源服务专项计划"，这是一个吸引全球人力资源服务企业集聚的计划，使得上海在全球服务方面取得了显著成效，服务企业数量达到12万家次，推荐中高端人才数量15万人次。

拓宽新兴职业的招聘渠道。企业招聘难度大幅度提高，上海市政府为了应对这一情况，加强了协同招聘，同时拓宽了非传统招聘渠道，例如人工智能、大数据岗位等新兴职业。

提升对人力资本的投资和积累。上海市的人力资本投资和积累状况一直受到重视，政府依托南京西路高端商业商务集聚增设国际园，服务海外人才干事创业，进一步推动了上海的经济发展。

总地来说，上海市政府通过建立国际化的人才集聚计划，加强技术型硬技能的培养，拓宽新兴职业的招聘渠道，提升对人力资本的投资和积累，推动了上海的经济发展，也为全球的人才和企业提供了更好的服务和发展机会。

第三节 广州——吸引力、竞争力、引领力

广州市是南方商贸中心，进出口贸易发达；科技创新龙头企业有待形成，发展空间大、潜力足；金融市场规模、质量有待提升；教育资源丰富，拥有丰富的人力资本储备与巨大的人才吸引力。广州市加大发展战略性新兴产业的支持力度，科技创新实力雄厚，加快进行产业结构的转型。

（一）广州市现代产业体系高质量发展的政策保障及成效

1. 营造良好营商环境

打造良好营商环境，产业升级打开发展空间，体制改革激活发展动力。2023 年 8 月广州市发展和改革委员会发布的《广州市促进民营经济发展壮大的若干措施》印发实施，聚焦破解民营经济发展痛点难点堵点，全力优化民营经济发展环境。2023 年 8 月由广州市人民政府办公厅印发的《广州市建设国际一流营商环境标杆城市助力产业高质量发展行动方案》明确 39 项任务打造"宜商兴业"高地，并首次将要素环境纳入营商环境改革范畴，广州营商环境改革正式进入"6.0"版本。

数字经济牵引实体经济高质发展。广州市人民代表大会常务委员会2022 年 4 月公布了全国第一部地方性法规《广州市数字经济促进条例》，旨在推动数字经济和实体经济融合发展。推动广州经济转型升

级，提升城市数字化、现代化治理水平。工业和信息化局推动数字化转型政策，设立了领导团队与专门工作小组，负责协调广州市加快数字化与数字经济领导小组的相关工作，优化了 48 项重要制度和机制，并建设了 9 个重点产业集聚区（园区）、17 项重点平台，已量化为 83 项重点工作。

当前广州实体经济产值结构和投资结构相对具有一定比较优势，但实体经济产值规模优势不明显。从产值规模看，当前广州实体经济产值规模较高，2022 年地区 GDP 达到 28232 亿元。从产值结构看，广州实体经济第三产业与第二产业产值之比约为 2.62，经济结构较为合理，实体经济在国民经济中比重相对较高，表明经济发展韧性较强。从投资规模和投资结构看，广州在实体经济领域的投资规模与其他一线城市差距不明显，但实体经济投资结构更加合理。广州的投资结构十分合理，实体经济投资在国民经济中的比重相对较高。

2. 数字化转型成效明显

广州在科技人才潜力方面优势较为明显，但科技人才数量、资本投入仍有待提升，创新主体对科技成果吸纳能力有待加强。一是，人才潜力优势明显：广州高等院校在校大学生规模在全国具有绝对优势，表明广州强大科技人才潜力基础；但广州 R&D 人员与高端人才队伍规模仍有待扩大。二是科技创新投资规模相对偏低，科技投资强度处于劣势：虽然近年来广州科技创新资本投入规模有了较大提升，但全社会 R&D 经费支出规模仍相对偏低，科技创新经费投入强度相对偏低，工业企业 R&D 投资具有一定比较优势。三是，财政规模不足在一定程度上限制了科技支出规模的提升：从科学技术财政投入强度来看，广州地方科学技术财政支出强度为 8.51%。四是，创新主体数量具有一定比较优势，但龙头型创新企业培育相对不足：长期以来，广州缺乏像华为、腾讯等一批具有战略引领能力和国际竞争力的创新型企业。广州输出技术交易额占技术交易市场总额的 62.56%，交易以技术输出为主，技术市场以输出为主特征明显，市场规模有待扩大。

广州成为了粤港澳大湾区制造业高质量发展的重要区域，而粤港澳大湾区新兴技术产业特色优势明显、创新能力强。培育先进制造业新动能，实施先进制造业创新行动：发展创新型企业、建设创新型产业技术研发机构、健全创新团队激励机制、完善创新支撑服务体系，着力推进智能制造；打造智能制造示范引领区，培育推广智能制造新模式，提升装备产品智能化水平，深化互联网与制造业融合发展。

3. 现代金融发展质量显著提升

致力扩大金融资产总额，提升金融发展质量。2021 年广州市人民政府办公厅印发的《广州市金融业"十四五"规划》中预计全市金融业增加值占 GDP 的比重将达到 9.5% 左右，金融业总资产有望突破 11 万亿元，金融业税收收入预计达到 700 亿元。同时，为了打造具有辐射力的金融交易平台，规划提出了建设 1~2 个全国性的金融交易平台的目标。

金融转型升级，助力实体经济高质发展。2023 年 5 月广州市人民政府办公厅印发《2023 年广州金融支持实体经济高质量发展行动方案》，培育壮大风投创投整体实力，推动金融业增长，不断提升金融对实体经济高质量发展的支撑作用；聚焦转型升级，深入推动金融数字化绿色化国际化转型；关注重点项目，加快金融平台与机构建设；优化金融生态，保障金融机构服务，促进金融业高质量发展；确保金融稳定，全力维护金融安全。

广州现代金融产业具有一定市场深度。2022 年末住户存款达 26878.13 亿元，人均 14.3 万元，住户存款增速达到了 16.1% 广州现代金融产业市场规模仍有待扩大，市场潜力仍有提升空间。一是，存贷款比较为合理，但现代金融市场规模处于低位，金融业增加值相对不高。广州的金融业规模不大，且金融业在 GDP 中的比重相对较低。二是，金融市场深度有一定比较优势，居民对现代金融产品认可与接受度较高。广州的保险深度具有绝对优势，说明居民的保险意识较强，大部分居民对保险这一现代金融产品接受度较高，市场需求能力强。三是，人均存款相对偏低。从金融机构存贷比来看，广州的存贷比为81.40%，略高于75%的存贷比红线。

4. 人才培养体系日趋完善

对口高校吸纳人才，完善培养人才体系。2021年12月由广州市人民政府印发的《广州市推进制造业数字化转型若干政策措施》支持培育数字化专业人才，支持高校与龙头企业、数字化企业联合培养人才，建设数字化人才培养服务平台，构建产教融合人才培养体系，对相关人才给予奖励。

广州人力资源发展现状好、前景明朗，人才培育和人才储备优势明显，对实体经济支撑能力较强。一是，人口自然增长率稳定，非户籍流动人口持续稳定增长。广州人口总量、人口自然增长率较高，非户籍流动人口占比较高，表明广州对人力资源吸引力较强。二是，人口受教育水平优势明显，教育支出费用占一般公共预算支出比重高，教育投入强度优势明显。三是，人才培育和人才储备优势明显。广州的人力资源潜力方面具有较强比较优势，广州的普通高等学校在校学生规模以及万人普通高等学校在校学生规模在全国范围内都遥遥领先。

（二）广州市现代产业体系高质量发展的经验

1. 加快转变经济发展方式

加强投资引领，推动工业经济持续发展。引导各类金融资源，强化民间投资的融资支持，不断提高金融服务民间投资高质量发展的水平。

优化产业结构，打造现代产业体系。注重创新驱动，推动产业升级广州通过加强创新驱动、优化投资结构、推动产业升级等方式，不断优化产业结构，打造现代产业体系，为实体经济的发展提供了坚实的支撑。

着眼实体经济，加快转变经济发展方式，加强规划引领，注重创新驱动，加强投资引领，优化产业结构，打造现代产业体系，不断提升工业综合实力和配套能力。

2. 产学研深度融合

加大科技研发投入，把 R&D 经费作为城市发展的重要支撑。在"十三五"期间，R&D 经费累计达到 77484 亿元，投入强度达到 310% 。投入力度之大，充分体现了广州对科技创新的重视和支持。

设立多个科研机构。科研机构致力于生物医学、生物信息、生物安全、高端生物医疗器械耗材研发等领域，为广州的科技创新提供了强大的人才和技术支持。重视国际合作，引进院士团队，推动纳米科技"从 1 到 10"的转化，孵化产业化项目。广州积极与国际先进技术接轨，推动产学研深度融合，提高科技创新的质量和水平。

高度重视知识产权保护，促进技术市场有序发展。全市专利授权量2022 年专利授权量超 14.6 万件，知识产权保护从严，技术市场成交额2022 年达到 2645.54 亿元，广州技术市场有序发展，技术合同成交额平稳增长。

积极扶持创新型企业，开展创新活动的企业比重稳步升高，实现创新的企业比重提高 73 个百分点。广州不断优化创新创业环境，完善科技创新服务体系，为科技型企业提供全方位的支持和服务。

制定了一系列富有创新精神的政策，其中包括支持企业设立研发中心、促进高新技术企业和产品的发展、推动科技企业孵化器、引导风险投资发展、推广自主创新和技术改造、实行"双软"支持措施、帮助初创型科技企业、对企业研究院提供资金帮助、资助高技术研究重点实验室。

广州在科技创新方面取得了显著的成绩，推动科技创新与经济社会发展的深度融合，为广州建设国际大都市提供强大的科技支撑。

3. 鼓励开展创新金融业务

广州市政府在加强金融监管的同时，鼓励金融企业发展壮大。例如，通过经营贡献、增资扩股、企业上市等方式扶持金融企业发展，这是广州现代金融政策的一个亮点。

利用自身在珠三角地区的区位优势，加强与香港、澳门等国际金融中心的合作，吸引外资金融机构进驻，提升广州金融业的国际竞争力。

鼓励金融机构开展创新业务，推动金融科技的发展，培育新的金融业态，如互联网金融、绿色金融、普惠金融等，满足市场多元化的金融需求。

4. 提供多元化人才服务政策

出台多元化的政策，如广州市人社局推出《广州市人力资源服务业发展提升计划（2022－2025）》推动人力资源服务现代化体系建设。

提供人性化的服务，稳定就业和提高民生水平。引导企事业单位创造更多就业岗位，支持中小微企业，加强职业培训，鼓励创业，提供就业创业信息服务，扩大社会保障覆盖面，加大就业创业宣传力度等。

第四节　深圳——高新性、国际性、多元性

深圳市实体经济规模巨大，坚持制造业立市；是科技创新中心，拥有高质量的高新技术产业，科技含量极高；金融市场外贸依存度高，是国际化的金融都市，拥有多元化的金融机构和创新的金融服务；教育资源匮乏，拥有高质量的人力资本和极大的人才吸引力。深圳市以科技创新引领现代化产业体系建设，将科技创新放在发展重要位置。

（一）深圳市现代产业体系高质量发展的政策保障及成效

1. 实体经济增长强劲

2022 年深圳市地区生产总值为 32387.68 亿元，同比增长 3.3%。深圳产值规模巨大，深圳 2022 年地区生产总值达到 3 万亿元；产值结构有待优化，深圳产业结构高级化指数在一定程度上处于落后水平，第三产业与第二产业产值之比仅为 2。从投资规模来看，2022 年固定资产投资同比增长 8.4%，2023 年固定资产投资规模力争迈上 1.0 万亿元新台阶，投资增长趋势向好。

2. 科创水平大力提升

推动技术型产业转型发展。2023 年 1 月深圳市工业和信息化局出台《深圳市现代时尚产业集群数字化转型实施方案（2023－2025 年)》7 月印发《深圳市推动开源鸿蒙欧拉产业创新发展行动计划（2023—2025 年)》等一系列政策，引领深圳优势产业加速发展。

推动人工智能高质量发展和全方位各领域高水平应用。2023 年 5 月中共深圳市委办公厅、深圳市人民政府办公厅发布《深圳市加快推动人工智能高质量发展高水平应用行动方案（2023－2024 年)》强化智能算力集群供给，强化数据和人才要素供给；加强科技研发攻关，增强关键核心技术与产品创新能力；提升产业集聚水平，打造全域全时场景应用。促进制造业转型升级。2021 年 3 月起由深圳市工业和信息化局印发实施《关于推动制造业高质量发展坚定不移打造制造强市的若干措施》，实施"登峰计划"，培育接续发展的企业梯队；布局建设一批制造业创新中心，完善制造业创新体系；加大技术改造项目贴息力度，以技术改造引领智能化转型；支持龙头企业和服务商建设工业互联网平台，以工业互联网引领数字化转型；支持企业绿色循环，发展支持企业绿色循环发展。

3. 现代金融创新发展

金融支持科技创新。深圳推出了 20 条措施全力推动，其中包括扩大科技型企业债券发行规模，探索"深圳商行＋香港投行""贷款＋外部直投"等业务模式，引导风投创投机构重点支持"20＋8"产业集群，建设优质创新资本中心和世界一流交易所。此外，深圳市还将与香港加强合作，推动创新要素高效便捷流动、促进科研规则衔接、机制对接等领域加强合作，着力建设全球科技创新高地。

重视高新技术人才引进。深圳实施了"孔雀计划"，为引进全球优秀人才提供了各种便利。在高科技园区、高等院校、科研机构等单位工作的创新创业人才，也将享受一系列的优惠政策。

深圳 2022 年末住户存款达 24928.72 亿元，人均 14.1 万元，住户存款增速达到了 19.7%。全市进出口总额 36737.52 亿元，同比增长 3.7%。其中，出口 21944.80 亿元，增长 13.9%；进口 14792.72 亿元，下降 8.5%。深圳对外贸易依存度极高，有利于经济发展，但同时受到发达国家不良的经济影响大。

持续加强金融风险防范，对金融机构的监管日益严格。2022 年，深圳市地方金融监督管理局出台实施多项金融政策，营商环境"获得信贷"考核获评全省第一，实体经济得到更多金融活水源源不断地流入。全市制造业贷款余额同比增长 283%，科技型企业贷款余额同比增长 30%，普惠小微贷款余额同比增长 282%。

4. 人力资本潜力凸显

大力引入高端人才，完善人才系统 2021 年深圳市福田区工业和信息化局印发《关于推进制造业高质量发展并坚定地将其打造成一个制造业强市的若干措施》，强调了加强制造业人才支柱的重要性。该政策特别强调支持制造业人才的发展，大力引入具备高技能、高水准和紧缺知识的制造业人才，并结合市场机制进行高层次人才鉴定，深入推动职业技能多元化评价体系的建设。

政策支持人力资源。深圳市出台了一系列人力资源政策，其中包括优化人才落户、保障性住房建设、提供社会保障和医疗保障等。这些政策的出台为深圳市的人力资源市场提供了稳定和有力的支持。

提升教育水平，输送高质量人才。深圳市拥有一批优秀的高校和教育机构如深圳大学为深圳市培养和输送了大量的高素质人才。

（二）深圳市现代产业体系高质量发展的经验

1. 大力提升经济发展软实力

抢抓低空经济产业高速发展战略机遇，通过产业链支撑、技术创新和政策加码推动低空经济产业创新发展。

提升深圳发展软实力，优化营商环境的创新举措，如商事主体歇业机制、医疗服务跨境衔接便利、生态环境案件办理机制创新等。

大力支持资金市场化，鼓励培养创投机构。举办"深圳创投日"，是全国首个创投与科技联姻的节日，是践行高质量发展要求的具体行动。深圳创投日为估值超千亿元的优质项目提供了"线上＋线下"路演平台，吸引全球超1900家次创投机构参加。

金融支撑小微企业发展。为打通小微企业服务"最后一公里"，深圳创新启动"金融驿站"工程。

2. 增强科创基础能力建设

强化基础研究，建设重大创新平台，推动科技创新。实施创新平台优化行动，以催生更多重大科技成果。培育发展八大未来产业开辟新领域制胜新赛道。

依托金融支持科技创新。出台20条措施全力推动金融支持科技创新，包括扩大科技型企业债券发行规模，探索"深圳商行＋香港投行""贷款＋外部直投"等业务模式，引导风投创投机构重点支持"20＋8"产业集群，建设优质创新资本中心和世界一流交易所。

专精特新企业之间需要通过合作、建立战略联盟等方式做大做强。专精特新企业之间应该有较强的互补性，拓展这些企业之间的业务联系和互助关系是未来的发展方向。

集中攻关，增强核心技术创新能力：针对现代时尚产业中小企业居多，研发能力有限的特点，深圳正全力打造现代时尚产业集群数字化转型赋能中心和行业数字化服务平台，推动工业互联网、大数据、人工智能、5G 等信息技术为产业赋能。深圳正通过建设城市级算力统筹调度平台，实现"算力一网化、统筹一体化、调度一站式"，全力强化智能算力集群供给，打造多层次智能算力集群。力争在 2023 年底前制定公共数据开放计划，搭建全市公共数据开放运营平台，建立多模态公共数据集。研究出台数据要素市场培育政策措施，做大深圳数据交易所规模，打造一批企业数据品牌。

3. 优化现代金融营商环境

优化金融业营商环境，吸引国际金融机构入驻。深圳高度重视金融业发展，进一步打通本外币、境内外、在岸离岸市场的资金互联互通和对接合作路径。

加强金融人才培养。注重人才培养，通过多种方式引进和培养金融人才，提高深圳金融从业人员素质和创新能力。

4. 拓宽人才价值提升渠道

政府通过各种措施如举办人才工作专题培训班吸引和留住人才，通过实施"深圳惠民保"等政策，保障了人才的健康和福利，提高了人才的满意度。

提供人力资本服务。深圳人力资本集团作为国内首家人力资本集团，提供定制化培训服务，并通过自研智能系统平台，为客户提供全链条智能数据支撑，有效搭建校企、产业与人才交流平台。同时，深圳市人力资本集团强调精准匹配需求，加强政策理解和科技化、数字化的赋能。

重视发展教育，提高人才素质和人力资本价值。教育是提高素质和保护环境、资源永续利用的前提，是增加人力资本价值的主要途径，也是社会经济增长的关键源泉。

第五节　重庆——软件之都、物流之都、绿色之都

重庆市实体经济规模巨大，工农业表现亮眼，是全国"工业第一城"，对外贸易有待扩大；科技创新实力持续增强；金融市场规模小，质量高；教育资源匮乏，拥有高质量的人力资本，需要提升人才吸引力。重庆市着力培育强大的规模实力、强大的创新创造能力、层出不穷的优势产业和全国全球领军的龙头企业。

（一）重庆市现代产业体系高质量发展的政策保障及成效

1. 实体经济增势迅猛

扩大消费需求，支持实体经济发展。2023 年 2 月重庆市人民政府办公厅印发《重庆市进一步支持市场主体发展推动经济企稳恢复提振政策措施》持续扩大有效需求，鼓励开展促消费系列活动，实施新能源汽车置换补贴和绿色智能家电消费补贴；支持商贸企业发展、支持文旅企业恢复发展，支持制造业提质增效。

补贴扶持服务业、餐饮业、零售业、文化旅游业。重庆市发展和改革委员会等部门联合发布《关于促进服务业领域困难行业恢复发展的

若干政策》扩大"六税两费"减征范围，给予服务业普惠性扶持；降低平台经济参与经营者成本，实施进口冷链食品监管首仓运行防控补贴，给予餐饮业普惠性扶持；健全文旅业银企对接机制，延续实施旅行社暂退质保金，给予文旅业普惠性扶持。

2. 关键技术攻关成效显著

推进关键核心技术攻关。2022 年 4 月重庆市经济和信息化委员会通知印发《重庆市制造业智能化赋能行动实施方案》，针对重庆市产业创新发展的关键核心技术领域和 33 条重点产业链的技术短板，深入实施规模以上工业企业研发机构增长计划，积极探索新型研发模式，并大力推动一批高端研发平台的创建。运用有效的政策和金融支持，在制造业中培育具备创新能力的领军企业、具有独特专业特长的中小企业及高企。

2022~2023 年，重庆市共获得了 100 项成果的科技创新奖励，充分体现了重庆市在科技创新方面的成果与实力，展示了重庆市在科技进步领域的核心竞争力。

3. 现代金融质效明显提升

2022 年末重庆住户存款达 25458.85 亿元，人均 7.9 万元，住户存款增速达到了 14.5%。

2022 年数据显示：从金融市场规模来看，重庆人均存款低；而金融机构存贷比极高，数值高达 1.58。重庆银行盈利能力强，银行抵抗风险能力弱。从市场潜力来看，重庆人均 GDP 仍有较大进步空间；重庆对外贸易依存度过低，在一定程度上不利于经济发展，较少受到他国影响造成经济的波动甚至衰退。重庆发展金融业任重而道远。

重庆市在金融开放、新型金融创新发展、综合经济实力以及物流枢纽等领域具备一定比较优势，在跨境金融、金融科技、绿色金融等领域拥有一系列国家政策机遇，但同时面临证券和保险市场发展滞后、金融业人才供给不足、科教文卫配套支撑力不够等明显短板。因此，本文认为重庆应循序强化优势基础、紧抓有利机遇、加快短板补偿的思路，特色化打造五大功能性金融中心。

引领金融服务数智化转型，重庆大力实施"智融惠畅"工程，重庆金融系统以科技赋能，引领金融服务数智化转型，不断提升金融数字化、智慧化运行水平。人民银行重庆市分行、国家外汇管理局重庆市分局新打造及持续迭代更新的"两通两平台"系统，已形成民营小微金融服务的"线上申贷中心""信息共享中心""综合服务中心"和"问题反馈中心"。国家金融监督管理总局重庆监管局与市发展改革委联合打造了"信易贷·渝惠融"中小企业线上融资平台，自2022年3月上线以来，已吸引20万户民营市场主体实名注册，实现融资授信33亿元。

为民企拓展多元化融资渠道，通过运用货币政策工具加大民营小微信贷投放、实施民营企业债券融资倍增计划、实施跨境融资优化行动等举措，帮助民企有效拓展了多元化融资渠道。资本市场也是重庆民企融资的一个重要渠道。

4. 人才改革力度持续增强

鼓励就业，稳定就业，持续培养吸纳青年人才。2023年7月重庆市人民政府办公厅印发《优化调整稳就业政策全力促发展惠民生若干措施的通知》发挥创业带动就业倍增效应，加大技能培训支持力度，进一步强化就业优先导向，激发活力扩大就业容量；鼓励企业吸纳就业，鼓励引导基层就业，稳定机关事业单位岗位规模，拓宽渠道促进高校毕业生等青年就业；加强困难人员就业帮扶开展，高质量充分就业先行区试点，强化帮扶兜牢民生底线。

重庆持续吸引外来人口，且外流人口呈回流趋势，这与重庆经济产出水平提升息息相关。2023上半年重庆市城镇新增就业41万人，发放创业担保贷款26.3亿元，完成目标任务的87.8%，直接扶持创业1.4

万人。在援企惠企稳就业方面，为28.8万户企业降低失业保险费15.7亿元；发放社保补贴等3.1亿元，累计稳岗622万个。在强化人才支撑方面，开展"百万人才兴重庆"系列活动152场；上半年全市引才2.44万人，其中新招博士后616人，同比增长38%；认定高层次人才110人，同比增长32%；发放市政府岗位津贴及安家资助2840万元，同比增长119.5%。全市技能人才总量达到520万人，其中高技能人才163万人，占比31.3%、保持西部第一。

（二）重庆市现代产业体系高质量发展的经验

1. 以西部战略引领实体经济

因地制宜与周边地区联动发展，进行西部大开发。重庆与四川建设双城经济圈跨区域：协作科学建立一套协商推进机制，携手探索重点领域的规划、政策和立法协同；领导"双牵头"联系重点项目工作机制，建立重大项目联合调度服务机制；携手打造一批重大平台，重庆支持渝西地区打造双城经济圈建设先行区；创新开展一批首创性探索，探索经济区与行政区适度分离改革。

深入实施创新驱动发展战略，不断增强自主创新能力。加快构建"33618"现代制造业集群体系，不断完善现代产业体系；西部陆海新通道加快建设，扩大对外开放能级，内陆开放高地初具雏形。体系化推动环境污染防治，坚持生态优先绿色发展。

2. 集群高新企业产生化学反应

建立科学城。科学城作为科技创新的"主战场"和"主平台"，聚集高科技企业产生聚集效应。重庆积极推动企业科技创新主体地位，通过项目业主制、首席科学家负责制、项目经理人负责制等新型项目组织实施管理方式，强化了企业的创新主体地位。

培养科技人才。重庆提出了培育、引进、使用和管理乡村人才的措施，重点加强了农业科技人才、产业人才和公共服务人才的培育。此外，重庆还将完善乡村人才支持政策，加大激励力度，提供配套服务，建立乡村人才工作责任制，为城乡人才资源流动搭建好平台。

3. 不断完善金融产业布局

科学有效加快成渝西部金融中心建设，因地制宜推动与成都共建，在规划内容基础上明确分工合作重点，形成各具特色、协同互补、统筹协调的建设格局。明确重庆的比较优、劣势，在此基础上结合重庆当前面临的建设机遇，以特色化、差异化为思路，打造西部金融中心的重点路径。

防范、化解金融风险，完善金融产业布局。通过推进风险防范化解攻坚行动和跨境金融服务优化行动，对金融风险进行严格的监管和防控。重庆市金融业增加值占全市生产总值的 95%，金融机构数量居中西部之首，金融业的发展布局清晰。

金融业与民生银行的合作，助力金融国际化。民生银行重庆分行始终坚持为小微企业提供现代金融服务，为企业解决资金需求，同时借助"信易贷"等现代金融工具，推动了金融行业与民生银行的紧密合作。重庆市在推进沪深北交易所重庆服务基地落地运营，设立千亿级产业投资母基金，累计服务 24 家企业上市的同时，推动了金融行业的国际化。

4. 注重人才职业发展保障

完善人才管理制度。通过与知名咨询公司合作，重庆进行了一场管理变革，旨在界定岗位职责，梳理、优化工作流程，逐步建立目标管理体系，为招聘、选拔、任用合格的人员奠定了基础，并通过梯队人才管理，吸引梯队外人才。

提升对人才的吸引力。重庆致力于提高自身的声誉和品牌，加强与高校的合作，建立完善的职业发展体系。这一举措不仅化解了员工疑虑和失衡，提高了员工工作热情和积极性，也增强了市场竞争力和人才引进能力。

注重人才保障。建立完善的职业发展体系，持续提高市场竞争力和人才引进能力。这一经验在人力资源市场发展中被证明是必要的，并被视为重庆在人力资源方面的成功经验。

第六节　杭州——创业之都、电子商务之都、金融科技之都

杭州市实体经济规模大，产业结构高级化；拥有如阿里巴巴的龙头企业，整体创新能力强；金融市场发展潜力足，外贸依存度高，是国际化的金融都市；教育资源匮乏，拥有丰富的人力资本储备与高质量的人力资本。

杭州市以强大的互联网经济推动发展，产业结构呈"三二一"格局，构建"5＋3"现代产业体系，第三产业优势明显。

（一）杭州市现代产业体系高质量发展的政策保障及成效

1. 实体经济高质量发展

2023 年 9 月市政府办公厅印发《杭州市人民政府关于全力打造营商环境最优市赋能经济高质量发展的实施意见》，该政策深化推进国家营商环境创新试点，主动对接世界银行营商环境标准体系，进一步提高企业对营商环境政策的感知度和满意度。

2023 年 2 月杭州市人民政府印发《关于推动经济高质量发展的若干政策》，该政策强化有效投资财政资金保障，向上争取资金支持，加强土地要素保障，加强用能要素保障，支持推进重点领域投资，支持市

属国企做大做强，加大项目推进制度保障。

根据初步统计结果，2022 年全年杭州实现了生产总值 18753 亿元人民币，同比增长 1.5%。从产业角度来看，第一产业增加值为 966 亿元，而第二产业和第三产业的增加值分别为 5620 亿元和 12787 亿元。第三产业与第二产业之间的比例为 2.27∶1，显示出较高的产业结构高级化程度。

2. 科技创新体系逐渐形成

杭州共有 306 家科技企业孵化器，其中包括 127 家省级孵化器。众创空间则有 207 家，其中有 85 家是国家级的，156 家是省级的。全年共完成了 1061 亿元的技术交易额，比去年增长了 37.6%。国家实验室实现零的突破，"杭州超重力场""杭州极弱磁场"2 个大科学装置加快推进，11 个全国重点实验室获批建设，10 个省实验室杭州占 7 席，全球创新指数城市排名跃升至第 14 位、创历史最好成绩。

3. 现代金融支撑力度不断增强

2021 年 3 月杭州市人民政府办公厅印发《关于金融支持服务实体经济高质量发展的若干措施》，从支持服务对象、加大信贷支持力度、优化融资担保体系、提升资本市场活力、推动金融服务创新 5 个方面提出了一系列支持实体经济发展的金融政策，旨在推动金融机构和企业的合作，实现金融业和实体经济的共赢发展。

4. 高技术人才引育成效显著

创新创业扶持。2020 年 11 月杭州市人力资源和社会保障局、杭州市财政局《杭州市加快发展人力资源服务业实施细则》，鼓励人力资源服务机构等发展，推荐就业、参与余缺调剂和劳务协作为灵活就业人员提供推荐就业服务。杭州市出台了一系列政策，鼓励人力资源服务机构等发展，推荐就业、参与余缺调剂和劳务协作为灵活就业人员提供推荐就业服务的机构可申请 500 元/人的一次性就业创业服务补贴，最高不超过 10 万元。

加强人才引进，重视人才培养。杭州市对成功组织对口地区脱贫人口来杭州首次就业的机构，可按每人 1000 元的标准给予一次性就业创业服务补贴，以此来吸引人才到杭州就业。此外，杭州市还实施了一系列人才引进政策，包括户籍政策、住房补贴政策等，以吸引更多的优秀人才到杭州就业和创业。2023 年 11 月杭州市人民政府办公厅印发《杭州市教育高质量发展行动方案（2023—2027 年)》，从创新人才贯通、职业教育提质培优、终身教育提升、教育评价改革深化、教育数智改革推进、新时代教育强师等方面开展行动，为持续推动"八八战略"杭州实践走深走实、打造世界一流的社会主义现代化国际大都市提供强有力支撑。

杭州对优秀人才的吸引力与吸附力强。世界知识产权组织发布的《2023 年全球创新指数》数据显示，杭州在全球科技集群中排名第 14 位。根据 2020 年杭州市人力资源和社会保障事业发展统计公报，杭州市新引进 35 岁以下高校毕业生 436 万人。同时，全年参加专业技术人才知识更新工程培训人数 94 万人，新增高技能人才 442 万人，职业技能鉴定人数（含统考）1008 万人。

在人才培养方面，杭州市还与浙江大学和杭州电子科技大学等知名高校合作，共同开展人才培养项目，如"发条节"等活动，以此传递创新的火种。这也是杭州市建设创新型城市的重要举措之一。

通过 5 年努力，在全国率先建成现代化的高质量教育体系。所有区县（市）通过国家学前教育普及普惠县省级评估、80% 的区县（市）通过国家义务教育优质均衡发展县省级评估，高中教育多样化特色发展取得突破性进展，高等教育普及化程度和发展水平进一步提升，现代职业教育体系更加完备，全民终身学习机制更加完善，拔尖创新人才和技术技能人才培养成效显著，城乡教育优质均衡发展，人民群众的教育获得感和满意度显著提升。

（二）杭州市现代产业体系高质量发展的经验

1. 借助电商平台拓展全球市场

依托科技创新，实现转型升级。依托科技创新的强大驱动作用，杭州的实体经济，尤其是制造业和科技产业，正在利用跨境电商、智能制造等科技手段进行转型，借助电商平台实现全球市场扩展，已有超过4000 家企业通过此种方式实现交易，并预计今年将有超额完成的 100家工厂物联网试点。

引导和规范电商直播带货，推动电商经济健康发展。尽管电商直播带货在全球范围内迅速兴起，杭州市政府已经开始试点禁止部分市场的直播带货，以期建立更加健康和可持续的电商直播带货市场。

优化金融服务，推动实体经济发展。杭州市地方金融监管局组织的采风活动来到了上城区的玉皇山南基金小镇，围绕如何有效支持实体经济高质量发展与金融机构进行了座谈交流，并且上城区提出了打造"金玉上城"的总体思路，出台了一系列金融服务业发展的扶持政策。

2. 持续优化创新创业环境

政府积极推动科技创新，搭建硬核科创平台。极弱磁场大科学装置、超重力大科学装置等，深化科技创新软实力，积极打造高能级创新平台矩阵，形成"1 + 2 + 18 + N"的综合性科学中心框架，推动科技创新。

优化创新创业环境，推动区域协同创新，构建科技创新生态体系。杭州政府出台了多项政策措施支持颠覆性技术创新，包括启动设立自然科学基金、支持重大平台建设、重点项目研发、支持颠覆性技术协同创新等。

3. 大力发展金融科技

大力发展金融科技。杭州凭借蚂蚁金服、恒生电子、51 信用卡等金融科技领军企业，成功改变了传统金融格局，打造了一个应用型的区域性金融服务中心。此外，金融科技创新的需求也吸引了大量人才，为杭州金融科技的发展提供了坚实的技术保障。

创新服务与监管。为了进一步发展现代金融，杭州实施了 5 个"第一"定性目标和 9 个定量目标，包括实现金融业增加值突破 3000 亿元、培育千亿级金融创新类产业集群不少于 3 个、非公开市场交易金额突破千亿元等。

防范金融风险。杭州市各级司法行政机关以防范化解互联网金融风险为切入点，开展了多项法律服务和法治宣传活动，并组织开展了网贷行业风险防范法制宣传教育活动。同时，杭州依托媒体普法平台开展形式多样的法治宣传，营造了良好的金融风险防范氛围。

4. 不断提高青年人才素质水平

加大教育培训力度。杭州市举办了高级研修班，提升人力资本服务实体经济的能力，相关行业的中高级专业技术人员可以参加。

鼓励创新创业。杭州市人社系统在 2022 年全年城镇新增就业 3265 万人，新创办毕业 5 年内大创企业 7762 家，带动直接就业 152 万人。此外，杭州市还制定了"促进共同富裕下的人力资本提升"的主题课程，鼓励创业创新。

加强人才引进工作，提高人才素质。全市新引进 35 岁以下大学生 364 万人，其中毕业一年内大学生 193 万人，全年认定 E 类及以上高层次人才 225 万余人，引进博士后研究人员 686 名。

第七章

清远市现代制造业的未来发展方向

第一节 统筹顶层资源

（一）顶层设计统筹创新资源

要切实提升制造业转型升级就要通过顶层设计统筹创新资源，重点支持现代化制造业的发展，加快建设制造业创新中心，合力推进制造业持续创新发展，特别是要加强对核心基础零部件的研究；要通过互联网平台加强企业、科研院所、政府、协会等创新主体之间的互动合作，鼓励企业从独立创新转变为合作创新，引导企业参与建立面向全产业链的协同创新平台，加快建设创新需求在线发布、创新资源在线共享、创新业务在线协同的平台化协同创新网络体系；要完善并落实创新奖励政策，形成良好创新氛围，落实科研成果产权的保护与奖励制度，培育一批具有自主创新能力的创新型领军企业。

（二）加强部门统筹联动

针对重点发展产业领域，加快研究出台专项规划和配套政策，密切联系制造业宏观环境变化和发展实际，加强产业扶持政策储备，推进产业成规模集群发展。同时要提高土地集约利用水平,保障用地需求,严格把握"双控"标准和入区企业的条件,凡是不达标的,坚决不引进;关注工业项目的总投资额,对于总投资额低的工业项目,鼓励其租赁或购买多层标准厂房;灵活调整用地指标分配,对事关清远全市产业转型升级的项目、优势开发区和工业功能区给予倾斜。完善产业园基础配套,着力优化三产配套设施,让产业园区真正成为"引得进客商、留得住人才、安得下心来"发展的投资创业一方热土。

(三) 提高规划管理水平和实施效率

要加强制造业产业体系现代化与土地、生态环境、科技创新、农业农村现代化等规划衔接,确保实施过程中与各级各类规划总体要求指向一致、空间配置上相互协调、时序安排上科学有序,共同促进清远市现代化进程。完善动态落实机制,通过计划分解主要目标和重点任务,设定产业投入产出准入指标,将规划落实情况与中央和省预算内投资项目安排、专项资金奖补、土地指标调整等挂钩,充分调动落实规划积极性和主动性,引导产业向高端化发展,提高规划管理水平和实施效率。

(四) 实施优秀企业家培养工程

建立常态化政企联动企业家培训机制,有规划地组织高新技术企业或科技型中小企业主要负责人和重点人才工程负责人外出学习培训与考察交流。同时要加大专业人才培养力度,给予本市院校或企业新招用的高技能人才相应的补贴。鼓励在本市院校、产业园区、重点企业和重要行业建设一批本市技能大师的工作室并给予相应的扶持;加快打造各类人才平台,支持创建广东省院士工作站、博士后创新实践基地、博士工作站。

（五）充分发挥联席会议制度作用

清远市政府要进一步提高服务效能，充分发挥联席会议制度指导、协调作用，定期或不定期召开专题工作会议，研究试点企业遴选工作有关事宜，协调解决试点企业困难与诉求。相关职能部门须强化主体责任意识，加强沟通协作，及时协调解决试点企业诉求，工信部门做好协调、跟踪和监督工作，当试点企业对问题处理效果不满意时，该问题可发还重办。

（六）建立年度评价机制

对企业的运营情况进行分析研判，对当年未能实现对应规模或效益增长目标的企业启动预警和替换机制。保持营收或税收增长趋势的继续享受试点企业待遇，出现增长较慢但经评估仍具备最终年度增长目标可行性的，可继续保留一年试点企业待遇，下一年根据具体情况确定是否淘汰替换；发现试点企业存在明显失信行为或经评估已不具备增长目标可行性的，经评估并将淘汰替补方案报市人民政府同意后，将其淘汰并从备选企业中择优替补。对于提前实现发展目标并仍然有增长意愿的企业，可继续纳入本计划并重新享受相应年限的扶持政策。

第二节　夯实实体经济基础

（一）基于实体经济构建现代化基础设施体系

完备健全的现代化基础设施体系是推动现代化产业体系实现完整

性、先进性、安全性的基础和保障，对未来产业发展的结构布局、发展模式以及抵抗风险有着基础性、先导性和战略性的意义。要提高基础设施的系统完备性，统筹推进传统与新型基础设施发展，优化基础设施布局、结构和功能，构建系统完备、高效实用、智能绿色、安全可靠的现代化基础设施体系，实现经济效益、社会效益、生态效益、安全效益相统一。构建现代化基础设施体系，在完善交通、能源、水利、市政等传统基础设施的同时，还要兴建 5G 基站、智能充电桩、大数据中心、工业互联网等新型基础设施，根本上都需要实体经济来提供物质和技术的支撑。提升传统基础设施智能化水平，加快推进新一代信息技术和制造业融合发展，加快工业互联网创新发展，夯实融合发展的基础支撑。加快构建现代化基础设施体系将为实体经济的技术创新和进步提供广阔的应用市场和空间，同时也为实体经济的高质量发展构筑了坚实可靠的基础和平台，保障现代化产业体系安全高效运行。

（二）推进战略性新兴产业融合发展

加快发展新一代信息技术、生物技术、高端装备制造、新材料、新能源汽车等在内的战略性新兴产业代表着科技创新和产业发展的方向，是先进制造业的核心主体，是推动实体经济高质量发展、提升清远市产业现代制造业体系现代化水平的决定性力量。大力推进战略性新兴产业的融合化、集群化发展，通过深度融合有效扩大资本规模、整合创新资源、壮大技术攻坚力量，成为实体经济创新发展的强大引擎；通过高度集群更好发挥集聚效应、加强分工细化与协同协作、提高产业综合效益，为实体经济高质量发展打造强劲的增长极，从而为产业体系的现代化发展提供重要的战略支撑。

坚持抓大企业、大项目、大产业、大平台、大环境，推动工作力量、政策措施、资源要素向实体经济倾斜集聚。规划省产业有序转移主平台，争取申报成为省重点建设主平台，打造"万亩千亿"产业园区。

深入实施工业产业"十百千"计划，培育一批群主型、链主型龙头企业，发展壮大现代轻工纺织、智能制造、前沿新材料、生物医药、绿色建材、智能家居、汽车零部件等产业集群。高水平推进广清纺织服装产业有序转移园规划建设，出台专项扶持政策，争创省产业有序转移示范项目。

（三）促进数字经济与实体经济深度融合

习近平总书记指出，"要把握数字化、网络化、智能化方向，推动制造业、服务业、农业等产业数字化，利用互联网新技术对传统产业进行全方位、全链条的改造，提高全要素生产率，发挥数字技术对经济发展的放大、叠加、倍增作用。推动互联网、大数据、人工智能同产业深度融合"。数字化改造能够为实体经济高质量发展提供新的转型机遇，为构建现代化产业体系创造新的动力机制。大数据、人工智能、云计算、区块链等新兴数字技术在实体经济中的快速发展和广泛应用，可以深刻改变实体经济的生产方式和商业模式，为实体经济带来生产技术的革新、运营成本的降低、生产效率的提升、产品质量的优化以及用户体验的改善，促进产业体系向着更加现代化的方向发展。以实体经济为着力点的数字经济将会拥有更加丰富的应用场景，激活数据作为生产要素的作用和价值，为产业体系的现代化发展赋能。切实提升数字经济的竞争力和影响力是让实体经济持续赋能的保障。优化实体经济，一个重要的方面是发挥数字技术对实体经济发展的放大、叠加、倍增作用。当前，新一轮科技革命和产业变革向纵深发展，各项高新技术加速创新，为实体经济优化发展提供了难得的机遇。在此背景下，促进数字经济和实体经济融合发展，发挥数字技术对传统产业的赋能作用，才能更加有效激发实体经济向前发展的潜力和动力。

（四）有机结合扩大内需战略与深化供给侧结构性改革

为了更好推动供给创造需求、需求牵引供给，提高供给和需求的适配性，要坚持扩大内需这个战略基点，用好需求潜力优势，通过扩大需求巩固提升传统产业、引领培育特色产业，拓展实体经济新领域新赛道新动能。要坚持深化供给侧结构性改革，优化实体经济生产要素配置和组合，提高供给结构的适应性和灵活性，从规划、财税、金融、土地、人才、技术等方面为实体经济提供强有力的支持政策。要持续推进政府"放管服"改革，建立公平开放透明的市场规则和市场化法治化国际化营商环境。深化供给侧结构性改革重点是改善供给侧结构，促进产能过剩有效化解，促进产业优化重组，降低企业成本，提供供给结构对需求变化的适应性和灵活性。在推进供给侧结构性改革的同时加强需求侧管理，有助于形成需求牵引供给、供给创造需求的更高水平动态平衡，也有助于提升产业链供应链现代化水平。

（五）提升产业链现代化水平

产业链现代化水平的集中体现，两者相互支撑、相互促进。为此，要在夯实产业基础能力的前提下，大力锻造产业链供应链长板、增强产品和服务质量标准供给能力、补齐产业链供应链短板、促进大中小企业协同发展，不断增强产业链配套水平、供应链效率和控制力、价值创造能力等综合竞争力，切实提高产业链现代化水平。

锻造产业基础长板。产业基础是保障产业安全的根基，也是实现产业链现代化的基石。为此，要从培育先进制造业集群入手，夯实产业基础能力，锻造一批有较强国际竞争力的产业基础能力长板。要从增强制造业关键核心技术自主可控能力入手，加强关键核心技术和重要产品工程化攻关，发展先进适用技术，强化共性技术供给，加快科技成果转化和产业化。要从加快基础工艺、工业软件等研发突破入手，努力提升我国制造业关键基础材料、核心基础零部件（元器件）、先进基础工艺、关键基础产品和服务的供给能力。

（六）稳定企业高质量发展

当前要雪中送炭降成本。针对小规模纳税人、服务业纳税人、小型微利企业、个体工商户等抗风险能力偏弱的对象以及科技创新、重点产业链等区域实施税收优惠政策；针对不合理限制和壁垒问题提出规范招标和政府采购制度；针对当前较为突出的拖欠账款问题提出加大拖欠中小企业账款清理力度。同时要统筹兼顾需要与可能，按照适宜节奏降成本。在实际运行中，部分措施成熟就可转化为制度安排，另一些阶段性的措施要根据当前清远经济恢复状况，该延续的延续，该优化的优化。除此之外，要坚持降低显性成本与降低隐性成本相结合，显性成本容易识别，缴纳的税费、财务费用、交易成本、用工用地原材料成本、物流成本等。隐性成本从表面上难以感知，却影响巨大。例如，市场准入隐性壁垒、融资困难、涉企违规收费等，往往更为影响经营主体信心和预期。为此，清远政府在对显性成本作出相应部署的同时，也围绕市场准入、融资渠道、招投标和政府采购等方面谋划举措，促进形成公平竞争市场环境，降低经营主体面临的隐性成本。最后，要坚持降本减负与转型升级相结合，降成本在助企减负降本的同时，业主制通过正确的政策导向来促进企业转型升级。在普遍降低某些成本的时候，对创新、科研、小微民营等重点领域和重点群体给予倾斜支持，要采取更大力度措施引导企业转型升级。例如，研发费用加计扣除的制度安排就会激励相关主体加大创新投入，有关激励企业内部挖潜的举措更会引导企业从内部优化管理、转型升级来降本增效。降成本是一项系统工程，需要持之以恒推动。

第三节　完善科技创新机制

（一）完善创新投入机制、创新激励机制、创新保护机制

产业基础能力是产业链现代化水平的支撑，产业链现代化水平是产业基础能力的体现，两者能够为推动制造业高质量发展共同发挥作用。为此，要加强关键核心技术和重要产品工程化攻关，发展先进适用技术，强化共性技术供给，加快科技成果转化和产业化，在核心基础元器件、关键基础材料、基础工艺、工业软件、创新环境建构等方面实现突破，大力提升产业基础能力，为提高产业链现代化水平奠定坚实基础。要在夯实产业基础能力的前提下锻造产业链供应链长板、增强产品和服务质量标准供给能力、补齐产业链供应链短板、促进大中小企业协同发展，不断增强产业链配套水平、供应链效率和控制力、价值创造能力等综合竞争力，切实提高产业链现代化水平。定期开展制造业产业链安全综合评估，围绕重点制造业领域和关键制造环节，推动相关龙头企业、学校和研究院所按照共担风险、共享收益的方式加强核心零部件、先进基础工艺、关键基础材料和装备等的研发突破，打造自主可控产业链。要加快形成与高质量发展相适应的制造业标准体系，积极推动与国内标准对接，健全质量监管及责任追究制度。推进制造业品牌培育，打造若干具有引领示范作用的清远特色品牌。

（二）巩固企业创新主体地位

企业是科技和经济紧密结合的重要力量，更是技术创新决策、研发投入、科研组织、成果转化的主体，除了要完善技术创新市场导向机

制，也要强化企业创新主体地位，促进各类创新要素向企业聚集，形成以企业为主体、市场为导向、产学研用深度融合的技术创新体系。《纲要》明确指出提升企业创新能力是"十四五"时期的主要任务，其中要求清远市采取相应措施、制定相应政策激励企业加大研发投入。对科技型企业尤其是中小企业来说，资金不足是持续创新面临的一大难题。所以首先要实施更大力度的普惠性税收优惠政策。以强化协同性、扩大覆盖面、提高针对性为目标，不断完善支持科技创新的普惠性税收优惠政策。完善企业研发费用计核方法，调整目录管理方式，合理扩大研发费用加计扣除比例与优惠政策适用范围，降低高新技术企业认定门槛，扩大高新技术企业所得税税收优惠政策激励范围。制定更大力度支持企业研发仪器设备加速折旧办法。优化对首台（套）重大技术装备生产与购买的财政资金支持制度，推动首台（套）重大技术装备保险补偿机制试点，对首台（套）重大技术装备应做到"应保尽保、应赔尽赔"。完善激励科技型中小企业创新的税收优惠政策，充分发挥科技型中小企业的生力军作用。除此之外，清远市还可以进一步完善留抵退税制度，深入贯彻留抵退税的实施，不仅能减少企业资金占用、降低资金成本，还有利于促进企业扩大投资和技术设备升级，推动科技创新。

（三）推动科技成果转移转化

充分发挥科技创新对现代化制造业的支撑作用，一个关键环节是科技成果转移转化。促进科技成果转移转化，既是实施创新驱动发展战略的重要任务，也是加强科技与经济紧密结合的关键环节，对于推进结构性改革尤其是供给侧结构性改革，打造经济发展新引擎，都具有重要意义。促进科技成果转移转化，首先要打通科技创新与企业需要之间的"藩篱"，把科技成果的供给方和需求方进行对接，改变科技创新主体之间的"各自为政"。通过产学研用的方式紧密结合起来，让科学研究面向经济生产，让经济生产依靠科学研究，形成高等院校、科研院所与企业主体之间的创新合力，建立有效的合作创新体系，通过科技创新有效供给来解决经济发展中的实际问题。产学研用的结合要以"用"为出发点和落脚点，让企业成为科技创新的第一主体，这样不仅可以减少技术创新的盲目性，缩短产品研发到商品化、市场化的周期，还可以有效降低技术创新的风险和成本。同时，促进科技成果转移转化离不开良好的市场化服务的支撑在这一过程中，要积极扶持、培养生产力促进中心、评估咨询机构、科技信息中心、知识产权法律中介机构等一批服务机构，并依托中介服务机构，建立产学研信息交流服务平台，通过不同类型的中介服务机构，建立一批技术转移机构。可以"互联网＋技术交易"为重点，建设一批线上线下相结合的技术交易市场，探索建立统一的技术信息标准和技术转移服务规范，提升信息发布、市场化评估、咨询辅导等专业化服务水平，打造技术交易市场网络。要尽快制定科技资源共享法规，明晰科技资源归属权，利用大数据的优势，建立科技专用信息数据库，整合政府部门、高校、科研院所及企业等跨地区、跨行业的信息资源，将政府部门、科研机构、中介机构的信息网络连接起来，最大限度地使科技界、企业、高校和公众都能共享政府信息资源，为促进技术转移转化活动创造良好的环境和条件。

（四）促进科技成果流动

为了促进科技成果更好地转移转化，搭建公共研发平台以增强科技成果流动性，是其中的一项重要工作。一方面，清远可以进一步完善科技企业孵化育成体系，提升科技企业孵化器综合服务能力，落实孵化器扶持政策，注重对中小企业创新的支持，为创新提供良好的环境，让企业依托创新从萌芽成长为参天大树。要鼓励大型企业参与建设低成本、便利化、全要素、开放式的众创空间，重点培育以创客空间、创业咖啡、网上创新工厂等为代表的创业孵化新业态，满足科技成果转移转化需要。要加快推进基层农业科技创业基地建设，对升级为国家级平台的相关孵化载体，建议按照有关规定给予支持。可考虑探索社会资本以融资租赁方式建设具备技术放大、人才培训、市场运营、测试论证、政策咨询等综合服务功能的中试基地，引导科技成果对应特色产业需求转移转化。

另一方面，还要构建多种形式的产业技术创新联盟。围绕相关国家重点产业发展战略以及区域发展战略部署，发挥行业骨干企业、转制科研院所主导作用，联合上下游企业和高校、科研院所等构建一批产业技术创新联盟，围绕产业链构建创新链，推动跨领域跨行业协同创新，加强行业共性关键技术研发和推广应用，为联盟成员企业提供订单式研发服务。支持联盟承担重大科技成果转化项目，探索联合攻关、利益共享、知识产权运营的有效机制与模式。

（五）打造创新性产业集群

将科技赋能传统企业，一要推动传统产业转型升级，改善产业结构、发展新兴产业，提高生产效率和产品质量，降低企业生产成本，有效集聚全产业链要素资源，提升传统产业智能化水平。二是科技创新催生新兴产业，推动数字经济、智能制造等战略性新兴产业发展，提高产业链和供应链的稳定性，加大对产品和品牌等的创新，形成新的增长点和增长极，打造发展新优势，实现新兴产业在设计研发、智能制造、服务营销等多方面以创新驱动的引领型发展。现在是数字化的互联网时代，建立产业互联网乃顺应时代发展趋势所需，要利用建立产业互联网打造创新产业集群。首先要通过全链路业务数据进行线上精准分析，实现端到端的信息及时触达和高效协同，优化全产业链向写童话、移动化、智能化发展。例如数字技术赋能产业生态服务平台，实现企业间连通，为企业合作伙伴提供数字化、柔性化的服务。其次要依托产业链核心技术，产业集群内的企业和机构等通过空间集聚形成柔性生产综合体，降低制度成本，创造规模经济效益和范围经济效益，提高产业核心竞争力。例如以科技创新驱动发展知识密集型的信息产业，促进大数据、人工智能等与实体经济的深度融合，使信息在产业集群内透明，建立产业链、创新链、价值链精准匹配的生产服务体系，推进产业集群向协同、高端、规模、智能化发展。

（六）推动科技要素流动

加快推动科技资源和应用场景向企业开放，加大科研基础设施、专业科学仪器和专利基础信息资源等向企业开放力度，将服务企业情况纳入科技资源共享服务平台的评价考核指标。通过设立数据专区、分级授权等方式，为企业提供公共数据资源。支持建设一批重大示范应用场景，鼓励创新发展试验区发布应用场景清单，向企业释放更多场景合作机会。推动各类科技成果转化项目库向企业开放，支持将高校、科研院所职务科技成果通过许可等方式授权企业使用。同时在科技创新组织模式上，创新型企业要更加主动地与高校、科研院所开展合作，合作方式包括共建实验室、联合申报科技计划项目、共同研发产品、联合培养高技能人才等。有条件的企业还可以通过设立资金、资助高校研发等方式，加强对基础研究的支持。

第四节　创新现代金融服务企业模式

（一）推动还款方式创新

清远市可以积极推动银行机构探索企业贷款还款方式创新，丰富贷款还款方式类型，引导银行机构根据制造业企业经营特点和融资需求，创新性开发还款期限拉长、额度循环、临时额度、年度审查、换整为零等还款方式,搜集汇总创新性还款方式经验,总结形成成熟经验。扩大创新性产品受众面,将地方成熟经验向更大范围推广。对于尚未推出还款方式创新业务的银行机构,支持其通过转贷基金、一日转贷承诺等形式缩减融资链条,降低客户资金成本。监督银行机构充分履行向借款人、担保人的告知义务,设计与还款方式创新配套的规范化法律文本,避免在操作环节产生风险。完善针对制造业贷款的尽职免责制度,建立风险监测机制,提高判断、识别企业风险的准确性。

(二) 创新融资模式

结合清远现代化制造业体系对科技创新的需求,以及创新型企业普遍具有的债券高风险性、股权高成长性、知识产权高附加性的特点,推广知识产权融资,创新性开发推广"知识产权运营 + 投贷联动"的融资模式可以进一步间接发挥现代金融对制造业的支撑作用,从企业经营状况、知识产权所有量、成长性维度综合评估企业,打造知识产权质押贷款、投贷联动股权投资、知识产权运营等知识产权金融服务体系。积极探索知识产权金融业务发展模式,重点满足知识产权密集型的创新性、科技型企业的知识产权质押融资需求。推动国有知识产权运营机构与金融机构合作,化解金融机构知识产权评估难、处置难、变现难问题。推动金融机构与当地政府共同出资设立风险处置资金池,为知识产权质押贷款提供风险补偿。在风险可控的前提下,通过单列信贷计划、专项考核激励等方式支持知识产权质押融资业务发展,力争知识产权质押融资年累放贷款户数、年累放贷款金额逐年合理增长。

(三) 优化金融服务质量

要优化重点领域金融服务,银行机构要扩大制造业中长期贷款、信用贷款规模重点支持高技术制造业、战略性新兴产业,推进先进制造业集群发展，提高制造业企业自主创新能力。加大对传统产业在设备更新、技术改造、绿色转型发展等方面的中长期资金支持。围绕高新技术企业、"专精特新"中小企业、科技型中小企业等市场主体，增加信用贷、首贷投放力度。完善抗疫救灾金融服务，强化重点医疗物资生产供应的金融保障，支持高端医疗器械产业核心技术攻关和创新发展。优化制造业外贸金融服务，支持汽车、家电等制造业企业"走出去"。做好新市民金融服务，对吸纳新市民就业较多的制造业企业加大金融支持力度。积极稳妥发展供应链金融服务，依托制造业产业链核心企业，在有效控制风险的基础上，加强数据和信息共享，运用应收账款、存货与仓单质押融资等方式，为产业链上下游企业提供方便快捷的金融服务。

（四）坚持直接融资和间接融资两手抓

在发挥银行业主力军作用、加大对制造业信贷投放的同时，着力发展资本市场，提升制造业企业直接融资比例，例如完善股票发行和再融资制度、优先支持制造业中小企业在科创板、创业板、新三板等上市挂牌，扩大制造业企业股权融资和债权融资规模。除此之外，清远市应同步支持先进制造业和传统制造业，优化资源配置，强化对先进制造业、高技术制造业、战略性新兴产业领域的金融支持，提高对具有核心技术、成长性强的"专精特新"企业的服务力度；对于传统制造业，给予金融支持以推进传统制造业群体向先进制造业群体转型升级。同时要制定接续支持恢复发展的金融政策，银行机构要聚焦于制造业发展的薄弱环节，用好用足现有金融扶持政策，积极帮扶前期信用良好、因当前经济形势不佳暂时遇困的企业，避免盲目抽贷、断贷、压贷。继续按照市场化原则对制造业中小微企业实施延期还本付息。给受疫情影响严重的制造业普惠型小微企业放宽贷款额度，根据实际情况给予倾斜，适当放宽延期期限。用好普惠小微贷款增量奖励、支小再贷款等货币政策工具，缓解制造业小微企业流动性资金困难。按照商业可持续原则，通过内部资金转移价格优惠、制定差异化利率定价权限等措施，积极向制造业企业合理让利。

（五）提高金融服务专业化水平

银行机构要结合自身市场定位和发展规划，将服务制造业发展纳入公司战略。银行机构要建立健全激励约束机制，明确职责部门和任务分工，优化制造业经济资本分配和考核权重设置，合理界定尽职认定和免责情形，引导金融资源向制造业倾斜。规范融资各环节收费和管理，严禁发放贷款时附加不合理条件。在风险可控前提下，适度下放贷款审批和产品创新权限，优化评审评议流程，提高分支机构"敢贷愿贷"积极性。保险机构要完善费率调节机制，降低优质制造业企业保险费率，简化承保手续，提高保险理赔效率。更要注重统筹协调，提升制造业金融服务的适应性，在统筹做好做大做强的基础上，更加注重优化服务模式、提升服务能力。稳定提升服务业融资占比，优化融资结构，形成对制造业高质量发展的有力支持。还要加强对制造业全产业链条和行业生态的系统研究，把握产业升级路径、技术演进趋势，制定制造业金融发展规划，明确战略安排，形成高效完备的政策体系和服务体系。

（六）加强保险资金支持

鼓励保险资金通过市场化方式投资产业基金，加大对先进制造业、战略性新兴产业的支持力度。支持保险资金在风险可控的前提下，通过投资企业股权、债券、基金、资产支持计划等形式，为制造业企业提供资金支持。持续推进首台（套）重大技术装备保险和新材料首批次应用保险补偿机制试点，支持制造业高质量发展。保险公司要完善费率调节机制，简化承保手续，提高保险理赔效。优化金融服务制造业的工作机制，具体包括积极向制造业让利，完善差异化信贷政策；健全内部绩效考核机制，提高"敢贷""愿贷"积极性；推广联合授信机制，优化企业债务结构；强化银保政合作，协同加强全面风险管理。也要加强制造业精准纾困和风险化解，具体方式包括有序开展市场化、法治化债转股，促进改善制造业企业公司治理；有效发挥债委会职能，增强一致行动能力；加大不良处置力度，盘活信贷资源。

第五节　储备高质量人力资源

（一）营造识才、爱才、敬才、用才良好环境

聚焦产业发展、乡村振兴、科技创新需求，大力培育引进科研创新、技术技能人才。推进实施省"扬帆计划"、市"起航计划"。抓好大学生"雁归计划"。持续实施乡村振兴人才集聚工程，开展农业产业人才培训3万人次。加快"缝纫巧手"技能人才培养。

人才是制造业转型升级的关键和支撑。以领军人才和紧缺人才为重点，要着力培育和吸引高端管理人才队伍，建立高效、有序的技术移民制度。创新教育和科研体制改革，加快构建科研院所与企业相结合的高端人才培养机制，人才培育方向结合企业需求，人才培养过程企业积极参与，为清远高端实用型人才做好储备。进一步加大职业教育和技能培训的力度和投入，围绕当前技术工人的紧缺领域，实时更新培训计划，健全职业教育和技能培训体系，探索推进网络化、开放式、自主型的职业教育和技能培训，切实解决当前熟练型技术工人紧缺问题。探索制造业类企业员工个人所得税优惠政策，鼓励优秀人才留在制造业。加强舆论引导，鼓励实干精神，吸引更多青年人才加入推动制造业高质量发展伟大事业。

（二）不断完善人才引进工作机制

清远要进一步缩小与我国经济发达地区的发展差距必须通过人才引领、创新驱动，在这一过程中要注意结合地区实际，找准制约发展的关键问题和人才短板，系统研究需要解决什么问题，为什么科技型人才不愿意留在清远，以及清远现代化制造业体系需要具备何种能力素质和知识结构的人才，然后对症下药，优化人才结构，提升人才与产业升级匹配度。所以，清远要不断完善人才引进工作机制。首先应建立人才工作组织和保障机制，定期召开人才工作联席会议，及时解决人才引进各项工作过程中遇到的问题，保障人才工作具有科学性、前瞻性和创新性。其次，应加强对人才引进工作的统筹规划，清远应紧密结合自身的区位特点、功能定位和产业需求，建立人才分析体系。同时搭建统一开放的人才信息交流平台，建设动态调整的重点人才需求库，为政府部门、企业、人才之间搭建一座沟通的桥梁。最后，应进一步优化完善人才引进政策。清远市应建立人才引进政策绩效评估实施办法与长效机制，针对新时代巩固拓展脱贫攻坚成果与全面推进乡村振兴目标，大胆创新人才引进政策，增强各项政策措施对人才的吸引力和集聚力。

（三）形成良好的人才生态环境

良好的人才生态环境对清远市提高人才"留清率"是至关重要的，首先要深入了解被引进人才的核心需要。进一步健全人才服务体系来尽可能满足人才的需要，尤其是一些个性化需要，以此展示地方政府对人才的诚意和高度重视。其次要完善公共服务体系，要想让人才"留得住"，地方政府应着力解决人才生活问题，切实保障人才在清远的生活质量。提高薪资待遇水平，逐步缩小与经济发达地区的差距，尤其是要发挥津贴奖金制度方面的灵活性。最后应提升人才服务质量。加强专家服务站、人才驿站等人才服务机构建设，完善配套设施与服务。探索建立政府购买公共服务制度，吸纳各类市场主体、用人单位、社会组织等参与并提供优质人才服务。建立精准性、主动性的人才服务机制，为引进的高层次人才配备人才客户经理，主动靠前对接和联络人才，切实解决人才引进后工作、生活和发展的后顾之忧，确保其全身心地为欠发达地区经济社会发展贡献才智。

（四）强化结构性错位发展

专业是影响大学生就业的重要因素，是社会需要对毕业生学科专业需求程度的重要体现，真实体现了人力资源市场对不同学科专业劳动者的需求数量和需求标准。当前，人力资源市场不同学科专业的需求和与之对应的人力资源供给存在结构性错位，高校的专业结构调整滞后于产业结构调整，人才培养与社会需求脱钩，导致一些专业人才紧缺，而另一些专业就业存在困难，造成就业结构性失衡。促进高质量充分就业要以强化就业优先为导向，落实落细就业优先政策，推动就业政策与教育、投资、产业等经济社会政策联动，重点把促进高校毕业生就业工作摆在更突出的位置，结合国家重大战略布局、现代化产业体系建设社、中小企业创新发展，拓宽高校毕业生市场化社会化就业渠道，确保高校毕业生就业水平基本稳定。为达成这一目标，重要前提是要优化青年人力资本结构，适应高质量需要和劳动者就业需求，建立学科专业调整与人才培养需求，建立学科专业调整和人才培养需求。

（五）改善企业传统的管理方式

要将年轻人才留在制造业就要针对年轻人的新特点，必须改善企业传统的管理方式和关怀方式。当代年轻人与过去的不同主要是两个方面：一是，更关注物质待遇和条件改善。但该年轻人更关注即时性，体现在对反馈和物质报酬获取上。二是，对内在激励的敏感度高于过去，当代年轻人更寻求做一件事的意义，强调个人与整体之间的联系。所以首先企业管理层的意识和认知需要改变，认识到当前的趋势，要更多关注年轻人的真实需求，为人才提供一个合理舒适的成长环境和机制，打造一套完整的管理制度和晋升制度。同时要优化企业软环境，除了给予年轻人具有足够吸引力的薪资待遇，可以通过开展一些业余活动，让年轻人在制造业的有序的状态之外有些放松和参与的机会，体会到更多幸福感。改善企业自身的用工环境、居住环境、食堂、文化氛围等，让年轻人参与到企业文化中来，增强年轻人对企业的归属感和认同感。建立更具激励性的绩效考核体系，明确清晰的职级划分。收入划分上形成较大差距，在薪资上偏向于多劳多得，技能型人才多得。

（六）营造人尽其才、才尽其用的良好制度环境

充分激活人才的创新创造活力，需要强化体制机制保障。正如习近平总书记指出："要营造良好创新环境，加快形成有利于人才成长的培养机制、有利于人尽其才的使用机制、有利于竞相成长各展其能的激励机制、有利于各类人才脱颖而出的竞争机制，培植好人才成长的沃土，让人才根系更加发达，一茬接一茬茁壮成长。"不仅要充分开发清远市本土人才，更要引进其他地区乃至国外的人才资源，完善更加开放、更加灵活的人才培养、吸引和使用机制，确保人才引得进、留得住、用得好。营造宽容失败的科研环境，把宽容失败的理念融入家庭、学校和社会教育全过程，持续培育能创新、懂宽容的人才队伍；最大限度激发企业作为创新主体和创新平台的创新创造活力，充分发挥市场在资源配置中的决定性作用，更好发挥政府作用，促进资本、人才、信息等创新要素高效合理流动；积极出台鼓励创新的政策举措，完善创新支持、创新风险防范、创新失败退出和后续扶持等方面的制度和政策，大力弘扬企业家精神，鼓励和支持企业家发挥创新带动作用。

第六节 培育数字经济发展沃土

(一) 拓宽数实深度融合应用场景

数字基础设施是数字经济和实体经济深度融合的必要物质基础和关键支撑。目前清远市人工智能、工业互联网等数字基础设施发展水平相较于经济发达地区仍有明显差距，对当地实体经济的赋能作用有待加强。要适度超前部署数字基础设施建设，促进数字基础设施体系化发展、规模化部署和产业化应用。持续推动 5G 网络融合应用，将 5G 网络建设同重点行业数字化转型需求结合起来，积极培育垂直行业应用场景。面向智慧城市、智能制造、自动驾驶、语言智能等重点新兴领域，提供体系化的人工智能服务，提升支撑"智能＋"发展的行业赋能能力。推进工业互联网高质量发展，引导工业互联网平台探索新的应用场景和运营模式，聚焦行业共性痛点开发高价值、大颗粒解决方案，推动平台在应用中迭代优化。

(二) 培育数实深度融合服务生态

企业是数字化转型的主力军和主战场，在数字化转型过程中，尤其是中小企业仍面临很多困难和挑战，"不会转""不能转""不敢转"的难题迫切需要得到解决。要培育技术、资本、人才、数据等多要素支撑的数字化转型服务生态，降低企业数字化转型的门槛、成本和风险，激发企业转型内生动力和融合发展活力。一方面要发挥骨干企业示范作用，鼓励其开放数字化资源和能力，向行业输出技术、服务和方案，推广数字化应用典型场景，另一方面要帮助传统企业和中小企业加快数字化转型。优化数字化转型公共服务体系，加大对企业数字化转型的投入奖补和贷款贴息，加快在重点行业和区域建设数字化转型促进中心，为企业数字化转型提供"一站式"公共服务。

（三）聚焦重点问题防止产业政策碎片化

数字经济促进产业融合发展，产业间无明显界限导致监管权责不明晰。在制造业数字化转型过程中，涌现出诸如工业互联网等信息技术与制造业深度融合的应用模式，对该类新兴业态的监管应先统筹监管机构分工，明确监管范围，防止政策碎片化。一方面，以"监管＋服务"为目标制定产业政策，激发数字经济活力；另一方面，在政策执行过程中形成及时反馈、动态调整的机制。如在产业政策的执行过程中，可以通过大数据收集市场反馈，对政策执行效果进行评价，根据评价结果及时调整相关政策。同时，为防止个别部门为争取政策支持而出台不符合实际的产业政策，可先通过部门间协调或信息共享，了解本行业发展态势、特点及存在问题，再制定符合实际的产业政策。

（四）坚持问题导向精准施策

要以数字化思维分析研判不断涌现的新事物和新机遇。数字化思维以互联网共享为原则，强调新资源的创造和资源的共享，追求共同利益最大化，奉行质量第一、效益至上，数字供应链和新商业模式的核心在于需求导向、客户为本。对此，企业需切实提升对数字化转型的认同感，培养数字化思维，培育数字化能力，建立起可持续的数字化商业模式和运营模式，从传统供应商转变为整个生产过程价值创造的合作者。在塑造竞争优势方面，要从自给自足转向开放合作；产品设计开发方面，要从线性开发转向快速试验；工作职能方面，要从机器替代人转向人机互补合作；信息安全方面，要从被动合规转向主动应对。

（五）提升数字技术对制造业的融合度与渗透力

数字化制造是释放数字技术对制造业发展的放大、叠加、倍增作用的重要基础，是提高我国制造业国际竞争力的重要支撑。一方面，传统产业数字化转型是深化供给侧结构性改革的重要抓手，当前经济运行的矛盾主要集中在供给侧，具体到传统制造业，主要表现为需求乏力、品牌效应不明显、竞争过度、产能过剩。因此，要顺应消费升级趋势，以产品和服务数字化、智能化为导向推进传统产业转型升级，减少低端无效供给，培育发展新动能。要对传统制造业进行全方位、全角度、全链条的数字化改造，推动体系重构、流程再造，形成新的数字化场景、数字化车间、数字化企业，形成新的价值创造、价值获取和价值实现模式；另一方面，要继续推进新兴产业的数字化进程，加快发展数字化平台经济，积极培育数字经济新模式，创新发展新商业模式，促进产业链和价值链的升级，更好发挥数字经济对制造业转型升级和高质量发展的带动作用。

（六）强化高质量数据要素供给

支持市场主体依法合规开展数据采集，聚焦数据的标注、清洗、脱敏、脱密、聚合、分析等环节，提升数据资源处理能力，培育壮大数据服务产业。推动数据资源标准体系建设，提升数据管理水平和数据质量，探索面向业务应用的共享、交换、协作和开放。加快推动各领域通信协议兼容统一，打破技术和协议壁垒，努力实现互通互操作，形成完整贯通的数据链。推动数据分类分级管理，强化数据安全风险评估、监测预警和应急处置。深化政务数据跨层级、跨地域、跨部门有序共享。除此之外要加快数据市场化流通，加快构建数据要素市场规则，培育市场主体、完善治理体系，促进数据要素市场流通。鼓励市场主体探索数据资产定价机制，推动形成数据资产目录，逐步完善数据定价体系。规范数据交易管理，培育规范的数据交易平台和市场主体，建立健全数据资产评估、登记结算、交易撮合、争议仲裁等市场运营体系，提升数据交易效率。严厉打击数据黑市交易，营造安全有序的市场环境。

第七节　营造良好营商环境

（一）降低制度性交易成本

进一步破除隐形门槛，推动降低市场主体准入成本，全面实施市场准入负面清单管理，健全市场准入负面清单管理及动态调整机制，抓紧完善与之相适应的审批机制、监管机制，推动清单事项全部实现网上办理。着力优化工业产品管理制度。规范工业产品生产、流通、使用等环节涉及的行政许可、强制性认证管理。推行工业产品系族管理，结合开发设计新产品的具体情形，取消或优化不必要的行政许可、检验检测和认证。推动完善工业生产许可证审批管理系统，建设一批标准、计量、检验检测、认证、产品鉴定等质量基础设施一站式服务平台，实现相关审批系统与质量监督管理平台互联互通、相关质量技术服务结果通用互认，推动工业产品快速投产上市。

（二）营造公正透明的法治环境

法治是最好的营商环境，最能聚人聚财，最有利于发展。营造公开透明的法治环境，就要把平等保护贯彻到立法、执法、司法、守法等各个环节，依法平等保护各类市场主体产权和合法权益。用法治来规范政府和市场的边界，尊重市场经济规律，通过市场化手段，在法治框架内调整各类市场主体的利益关系。当前，要实施好民法典和相关法律法规，依法平等保护国有、民营、外资等各种所有制企业产权和自主经营权，完善各类市场主体公平竞争的法治环境。强化执法规范和依法行政，坚决杜绝与企业争利及地方保护主义等行为，优化法治化营商环境，汇聚人才等宝贵发展要素，推动东北地区经济高质量发展。产权保护特别是知识产权保护是塑造良好营商环境的重要方面。各类市场主体最期盼的是平等法律保护。只有产权得到平等、有效保护，市场主体才能放心投资，市场交易才有前提条件。党的十八届四中全会提出健全以公平为核心原则的产权保护制度，加强对各种所有制经济组织和自然人财产权的保护，清理有违公平的法律法规条款。

（三）着实解决企业融资难、融资贵

中小企业因规模小、资产轻等特征在申请银行贷款时受限制较多；针对中小企业的金融管理机构较少、普惠融资产品多样化不足、贷款风险补偿机制有待完善等问题增加了其获得贷款的难度。清远应该着力打造更普惠更便捷的融资环境，一方面综合施策，通过强化金融扶持、丰富融资渠道、加大贷款风险补偿力度、建立健全信用监管体系等方式，多措并举打出"组合拳"，推动减税降费政策的落地落实。另一方面增强政策的稳定性与可预期性，不断完善减税降费政策，帮助中小企业长期经营、持续向好。与此同时，各类"玻璃门""隐形门"等限制与准入门槛阻碍了公平竞争。一些来自企业规模、资质许可、本地保护、所有制性质等方面的隐性壁垒挫伤了中小企业参与市场竞争的积极性。塑造更公平透明的市场环境迫在眉睫，清远市要进一步深化商事制度改革，持续提升企业开办服务能力，让新增市场主体更加便捷高效；推动"一企一证""证照联办"等创新举措，简化中小企业生产经营和审批条件，破除"准入不准营"问题；进一步清理在市场准入、政府采购、招投标等领域的隐性壁垒，为中小企业提供更加公平公正、公开透明的市场竞争环境。

（四）加强创新支持与保护力度

现有创新环境难以满足中小企业创新创业的需要，创新要素获取的可得性和便利性不足。政府引导资金的申报管理复杂、存在诸多申报条件；中小企业与科研机构等研发部门合作的渠道有限，缺少相应的服务和支持；知识产权保护状况不尽如人意，侵权行为"成本低、处罚弱"，与中小企业维权的"周期长、投入高"不相称。因此要营造更健全灵活的创新环境。在充分考虑中小企业知识产权保护需求与能力的基础上，健全知识产权服务体系与维权机制；加大对中小企业在人才招聘、研发投入、创新创业支持等方面的引导与服务，推动创新资源向中小企业敞开；此外，关注数字技术在帮助中小企业优化管理方式、创新商业模式等方面的作用，为新经济新业态的成长提供充分的土壤。

（五）进一步规范涉企收费

严格规范政府收费和罚款。严格落实行政事业性收费和政府性基金目录清单，依法依规从严控制新设涉企收费项目，严厉查处强制摊派、征收过头税费、截留减税降费红利、违规设置罚款项目、擅自提高罚款标准等行为。严格规范行政处罚行为，进一步清理调整违反法定权限设定、过罚不当等不合理罚款事项，抓紧制定规范罚款设定和实施的政策文件，坚决防止以罚增收、以罚代管、逐利执法等行为。推动规范市政公用服务价外收费。加强水、电、气、热、通信、有线电视等市政公用服务价格监管，坚决制止强制捆绑搭售等行为，对实行政府定价、政府指导价的服务和收费项目一律实行清单管理。着力规范金融服务收费。加快健全银行收费监管长效机制，规范银行服务市场调节价管理，加强服务外包与服务合作管理，设定服务价格行为监管红线。

（六）进一步规范行政权力

切实稳定市场主体政策预期，建立政府部门与市场主体、行业协会商会常态化沟通平台，及时了解、回应企业诉求。制定涉企政策要严格落实评估论证、公开征求意见、合法性审核等要求，重大涉企政策出台前要充分听取相关企业意见。清远市在制定和执行城市管理、环境保护、节能减排、安全生产等方面政策时，不应该层层加码、加重市场主体负担。建立健全重大政策评估评价制度，政策出台前科学研判预期效果，出台后密切监测实施情况。坚决整治不作为乱作为。清远政府要坚决纠正各种懒政怠政等不履职和重形式不重实绩等不正确履职行为。严格划定行政权力边界，没有法律法规依据，行政机关出台政策不得减损市场主体合法权益。同时要建立健全营商环境投诉举报和问题线索核查处理机制，充分发挥12345政务服务便民热线、政务服务平台等渠道作用，及时查处市场主体和群众反映的不作为、乱作为问题，切实加强社会监督。

参 考 文 献

［1］陈展图. 中国省会城市现代产业体系评价［J］. 学术论坛，2015（01）：83 - 87.

［2］陈志静. 构建现代生态产业理论和产业体系——打造以需求响应为目标的生态型产业互联网平台［J］. 中国集体经济，2023（34）：81 - 84.

［3］冯峥，陆卫明. 习近平关于新时代科技创新的重要论述研究［J］. 国家现代化建设研究，2023，2（04）：20 - 35.

［4］郭瑞东. 发达国家构建现代产业体系对河北的启示［J］. 未来与发展，2010，33（11）.

［5］刘帷韬，任金洋，冯大威，等. 经济政策不确定性、非效率投资与企业全要素生产率［J］. 经济问题探索，2021（12）：13 - 30.

［6］刘帷韬，杨霞，刘伟. 产业政策抑制了实体公司金融化吗——来自中国 A 股上市公司的证据［J］. 广东财经大学学报，2021，36（01）：37 - 49.

［7］刘帷韬，尤济红，邹小华. 产业全球化、R&D 投入与企业绩效［J］. 经济经纬，2020，37（05）：63 - 71.

［8］刘帷韬，刘德学. 外商投资产业政策对外资溢出效应的影响——基于中国制造业行业的面板检验［J］. 国际经贸探索，2017，33（03）：96 - 112.

［9］倪鹏飞，张天，赵峥等. 北京城市产业体系选择研究［M］. 北京：社会科学文献出版社，2009.

[10] 裴长洪，倪江飞．把发展经济着力点放在实体经济上的理论与方法 [J]．经济学动态，2023（09）：3－16.

[11] 谭目兰．广东"一核一带一区"格局下清远产业结构现状分析与发展建议 [J]．清远职业技术学院学报，2023，16（04）：46－52.

[12] 吴玉珊．基于主成分分析的泉州现代产业体系评价及构建策略研究 [J]．湖北经济学院学报（人文社会科学版），2015（07）：30－32.

[13] 燕翔．中国制造业高质量发展：逻辑、路径、政策 [J]．经济研究参考，2023（10）：5－16.

[14] 张冀新．城市群现代产业体系的评价体系构建及指数测算 [J]．工业技术经济，2012（09）：133－138.

[15] 周伟．北京构建现代产业发展新体系研究 [M]．北京：知识产权出版社，2013.

[16] 赵辉．中国式现代化背景下加快高质量现代工业产业体系建设的研究 [J]．塑料科技，2023，51（12）：113－116.